AF762506

www.ingramcontent.com/pod-product-compliance
Lightning Source LLC
LaVergne TN
LVHW010814051026
849532LV00007B/2538

9789369088973

غزل نما

(حصہ : چہارم)

مرتبہ:

ادا جعفری

Ghazal Numa : Part-4

by: Ada Jafri

Edition: August '2025
Publisher :
Taemeer Publications LLC (Michigan, USA / Hyderabad, India)

ISBN 978-93-6908-897-3
9 789369 088973

کتاب	:	**غزل نما** (حصہ:4)
مصنفہ	:	**ادا جعفری**
صنف	:	شاعری
ناشر	:	تعمیر پبلی کیشنز (حیدرآباد، انڈیا)
سالِ اشاعت	:	۲۰۲۵ء
صفحات	:	۱۲۶
سرورق ڈیزائن	:	تعمیر ویب ڈیزائن

فہرست

پیش لفظ

'غزل نما' کا سلسلہ محترم مشفق خواجہ صاحب کی فرمائش پر شروع ہوا تھا اور ان کا کرم کہ اس کے لیے کتابیں بھی وہ اپنی گرانقدر لائبریری سے مہیا کرتے رہے۔ میں صمیم قلب سے ان کی شکرگذار ہوں۔ کتابوں کی یہ سہولت میسّر نہ ہوتی تو میرے لیے اس سلسلے کو جاری رکھنا ممکن نہیں ہو سکتا تھا۔

'غزل نما' میرے لیے کئی لحاظ سے پُرکشش رہا۔ حکایت دلچسپ ہو تو اسے دہرانا بھی اچھا لگتا ہے۔ یہاں یہ واضح کر دینا بھی ضروری ہے کہ میں نہ اردو شاعری کی تاریخ لکھ رہی ہوں نہ اردو زبان کی۔ میں صرف اپنے تاثرات بیان کرنا چاہتی ہوں۔ ان اشعار کے جھروکوں سے میں نے تسلسل کے ساتھ کئی صدیوں کا نظارہ کیا۔ زبان کے ارتقائی مدارج اور اُس معاشرے کے خدوخال سامنے آئے۔ معروف اساتذہ اور مشاہیرِ سخن سے ہم سب آشنا ہیں۔ لیکن اہلِ سخن کے اس کارواں میں کچھ ایسے آبلہ پا بھی شریکِ سفر تھے جنہیں بہت جلد فراموش کر دیا گیا۔ وجوہ کئی تھیں۔ میری نگاہ میں وہ معاشرہ اور وہ ماحول بھی بہت سی کوتاہیوں کا ذمّہ دار تھا جس میں یہ لوگ زندگی بسر کر رہے تھے۔

ابتدائی دور کے کم معروف اور غیر معروف شعرائے کے کلام میں اردو لفظ کو آنکھ کھولتے ہوئے اور اردو زبان کو پہلی بار سانس لیتے ہوئے دیکھنے کا بھی احساس ہوا۔ جب اظہار و ابلاغ کی ضرورت نے نئی زبان (اردو) نئے الفاظ اور الفاظ کو برتنے کے نئے رویّوں کو جنم دیا تھا۔ جیسا کہ ہم سب جانتے ہیں برِصغیر میں فارسی خواص کی زبان تھی۔ دفتری اور شعروادب کی زبان بھی فارسی تھی۔ اس کے علاوہ عوام کی اپنی اپنی علاقائی بولیاں تھیں جن کے امتزاج سے معاشی اور معاشرتی ضروریات کے تحت اردو وجود میں آئی۔ جس نے تمام زبانوں کے الفاظ کو اپنے دامن میں اس

طرح سمیٹ لیا کہ اس عہد کے سخنوروں نے انتخابات عوام تک پہنچانے کے لیے اسی زبان کا وسیلہ اختیار کیا۔ اُنھیں صدیوں کے درمیان کچھ نئے الفاظ پیدا ہوئے اور کچھ مروجہ الفاظ مر گئے۔ نئے شعری رویّے اختیار کیے گئے، معراجِ کمال کو پہنچائے گئے اور پھر ترک کر دیے گئے۔ مثلاً ایہام گوئی۔

قدیم اردو شاعری کی دہلیزوں سے گزرتے ہوئے نظر آتا ہے کہ ابتدائی دنوں میں اردو شاعری کے حلقۂ تاثر کو وسیع تر کرنے کے لیے اساتذہ نے فارسی شاعری کے مضامین کو بھی اردو میں ڈھالا اور اس طرح اردو شاعری کے لیے ایک مانوس فضا قائم کی۔ دلچسپ بات یہ ہے کہ آج کئی صدیاں گزرنے کے بعد انگریزی شاعری اردو نظم کو ایک نامانوس لہجے سے بھی متعارف کروانے میں مصروف ہے۔

اس کتاب میں قاری کو چند ایسے شاعر بھی ملیں گے جو آج ذہن اور دل کو اپنی گرفت میں لینے سے قاصر ہیں۔ ان کے کلام کا انتخاب ان کے عصر کے حوالے سے ہے۔ یہ سب اپنے اپنے عہد میں اساتذہ کا درجہ رکھتے تھے۔ سب سے اہم بات یہ کہ 'غزل نما' اپنی سوچ کو حرف کا پیکر عطا کرنے والوں کے سفر کی روداد ہے۔ ان اشعار کا تقابل شاعری کے اعلیٰ فن پاروں سے جائز نہیں۔ سفر کے کس مرحلے پر کس کی سانس ٹوٹ گئی اور کس نے منزل کو جالیا اس کا فیصلہ انفرادی صلاحیت پر بھی تھا اور حالات اور وقت کے ہاتھ میں بھی۔ اور آج یہ فیصلہ ہمارے سامنے ہے۔ اُنھیں صدیوں کے بیچ ہم میرؔ، دردؔ اور سوداؔ کے کمالِ فن سے متعارف ہوتے ہیں۔

انتخابِ اشعار کے سلسلے میں بھی عرض کرتی چلوں کہ 'غزل نما' کتابی شکل میں ترتیب دیتے ہوئے اندازہ ہوا کہ مختلف شعرا کے منتخب اشعار کی تعداد مختلف ہے۔ یہ صورتِ حال میری جانب سے کسی ترجیحی بنیاد پر نہیں ہے۔ استفادے کے لیے جو کتاب مجھے مل سکی اور جتنا وقت میں اس کتاب کو دے سکی اس بنیاد پر یہ انتخاب اشعار کیا گیا ہے۔

۴۲/۸/ بی بلاک ۶ — ادا جعفری

پی۔ای۔سی۔ایچ۔ سوسائٹی۔ کراچی — ۱۹؍ فروری ۱۹۸[illegible]ء

خواجہ وزیرؔ

نام خواجہ وزیر۔ تخلص وزیرؔ۔ والد کا نام خواجہ فقیر تھا۔ لکھنؤ میں پیدا ہوئے۔ ان کا سلسلۂ نسب خواجہ بہاؤالدین نقشبند سے ملتا ہے۔ وزیر کے اجداد کو دنیاوی وجاہت اور شوکت حاصل نہیں تھی۔

وزیر تیرھویں صدی ہجری کے آغاز اور اٹھارہویں صدی عیسوی کے اواخر میں پیدا ہوئے۔

وفات ۱۲۷۰ھ بمطابق ۱۸۵۴ء میں ہوئی۔

اپنے عہد کے مشہور شاعر شیخ امام بخش ناسخؔ کے شاگرد تھے اور شاعری میں انہیں کا رنگ اختیار کیا۔ معنی آفرینی اور مناسبت لفظی کی جانب زیادہ توجہ دی۔ ناسخؔ نے اپنے اس شاگرد پر فخر کا اظہار کیا ہے۔ تذکرہ نگاروں نے وزیر کی استادانہ حیثیت کا اعتراف کیا ہے۔ اوائل عمری میں ضرور تاً کچھ قصیدے بھی لکھے لیکن شیخ ناسخؔ کی طرح وزیر بھی بنیادی طور سے غزل گو تھے۔

وزیر نہایت پُرگو شاعر تھے۔ لیکن ان کا ابتدائی کلام جس ضخیم دیوان میں تھا وہ ان کی زندگی ہی میں ضائع ہو گیا۔ موجودہ دیوان 'دفترِ فصاحت' اُن کی وفات کے بعد غالباً ۱۲۷۲ھ میں طبع ہوا۔

وزیر عموماً طویل غزلیں کہتے تھے۔ قافیہ پیمائی کا شوق تھا۔ اکثر اشعار انہوں نے محض قافیے کی خاطر بھی کہے ہیں۔ بہر حال اس سے ان کی قدرت زبان و بیان کا اندازہ

تو ہوتا ہے، مشکل قافیوں اور سنگلاخ زمینوں میں بھی طبع آزمائی کی۔

خواجہ وزیر کو لکھنؤ کے سلاطین اور امرا کی سرپرستی حاصل نہیں ہوسکی۔ البتہ فقیر محمد گویا جو ابتدا میں ناسخ کے شاگرد تھے۔ بعد میں ان کے حلقۂ تلمذ میں داخل ہوئے۔ اس شاگردی نے کچھ عرصے کے لیے وزیر کے معاشی حالات درست کر دیے۔ لیکن پھر وزیر اور گویا کے درمیان کسی بات پر شکر رنجی ہوگئی اور یہ سہارا بھی ختم ہوگیا۔ اپنے شاگرد کی نوکری سے دست بردار ہونے کے بعد وزیر نے کسی اور رئیس کی ملازمت نہیں کی اور باقی عمر مفلسی اور تنگ دستی میں گذار دی۔ آخر زمانے میں حالات نے شاعری سے متنفر کر دیا تھا۔

وہ نہایت قانع اور غیور تھے، اپنی حاجت پر دوسروں کی ضرورت کو ترجیح دیتے تھے۔ بظاہر آمدنی کی کوئی صورت نہیں تھی۔ اس لیے لوگ 'دست غیب' کا احتمال کرتے تھے۔ اس زمانے میں مالی اعتبار سے خود کفیل ہونے کے لیے انہوں نے 'عملیات' کا سہارا لیا۔ لکھنؤ میں ان کے عملیات کی بڑی دھوم تھی۔

یہ انتخاب دیوانِ وزیر، دفترِ فصاحت، مرتبہ محمد عبدالواحد (مطبع مصطفائی لکھنؤ) سے کیا گیا ہے۔

انتخابِ کلام

وہ زُلف لیتی ہے تابِ دل و تواں اپنا
اندھیری رات میں لٹتا ہے کارواں اپنا

آیا وہ ماہ، لاؤ پیالہ شراب کا
مہتاب کے ہو ساتھ طلوع آفتاب کا

تعداد جرم کم، تری رحمت ہے بے حساب
کچھ غم نہیں وزیر کو روزِ حساب کا

اے بُتو! خوبیٔ قسمت ہے گلہ کیا تم سے
جس نے راحت تمہیں دی اس نے ہمیں رنج دیا

کب خبر تھی انقلابِ آسماں ہو جائے گا
دوست کا ملنا نصیبِ دشمناں ہو جائے گا

مہرباں ہے مجھ پہ یہ نامہربانی سی تری
دوست تُو ہو گا تو دشمن آسماں ہو جائے گا

تھام لوں دل کو ذرا ہاتھوں سے
ابھی پہلو سے نہ اُٹھ جائیے گا

مصحفِ رُخ کی قسم میں ہے مزہ
ہم سے قرآن یہ اُٹھوائیے گا

ہم نے یوسف جو کہا کیوں بگڑے
مول لے گا کوئی بِک جائیے گا

چلا ہے او دل راحت طلب کیا شادماں ہو کر
زمینِ کوئے جاناں رنج دے گی آسماں ہو کر

اسی خاطر تو قتلِ عاشقاں سے منع کرتے تھے
اکیلے پھر رہے ہو یوسفِ بے کارواں ہو کر

کیا غیروں کو قتل اس نے، موئے ہم رشک کے مارے
اجل بھی دوستو آئی نصیبِ دشمناں ہو کر

غضب ہوا کہ بُتِ سنگدل پہ دل آیا
خُدا بچائے کہ شیشہ گرا ہے پتھر پر

ساقیا بھول گیا کیا مری دریا نوشی
خُم لگا دے مرے منہ سے کوئی ساغر کے عوض

خواہش اسباب کی بس عالمِ اسباب میں تھی
سو رہے بعدِ فنا خاک پہ بستر کے عوض

میلا ہوا نگاہ سے تیرے بدن کا رنگ
ایسا لطیف کب ہے گل و یاسمن کا رنگ

پوشیدہ آفتاب ردائے شفق میں ہے
یا ہے حجاب تن پہ ترے پیرہن کا رنگ

عید قرباں ہے یہی دن تو ہے قربانی کا
آج تلوار کی مانند گلے مِل قاتل

دل میں ہے عشق ترا، یاد تری، غم تیرا
رہزنوں سے ہوئی آباد یہ منزل قاتل

جانا پری رخوں میں بلا کا ہے سامنا
قاصد ٹھہر کہ ساتھ کروں میں دعائے دل

آنکھیں لہو بہائیں جو ساغر سے مے گرے
شیشہ جو گر پڑے تو مرا ٹوٹ جائے دِل

وصف اک گل کا کیا کرتے ہیں
منہ سے یاں پھول جھڑا کرتے ہیں

کوئے قاتل کا یہ قاصد ہے پتہ
نامہ بر قتل ہوا کرتے ہیں

دیکھنے پائے نہ تھے جن کو وزیرؔ
اب وہ آنکھوں میں رہا کرتے ہیں

جو خاص بندے ہیں وہ بندۂ عوام نہیں
ہزار بار جو یوسف بکے غلام نہیں

پھنسے نہ قیدِ تعلّق میں جو کہ ہے آزاد
چمن میں طائرِ نکہت اسیرِ دام نہیں

کسی طرح شبِ فرقت بسر نہیں ہوتی
کچھ اس کو گردشِ ایّام سے بھی کام نہیں

نہ دیکھا نقشِ قدم کا، صدائے پا نہ سنی
سمندِ عمر سا کوئی سُبک خرام نہیں

نظروں سے دُور رہنے کا پیارے گلہ نہیں
دل سے قریب ایسے ہو کچھ فاصلہ نہیں

کسی کو دیکھ کے ساقی جو بے حواس ہوا
شراب سیخ پہ رکھ دی کباب شیشے میں

ترچھی نظروں سے نہ دیکھو عاشقِ دلگیر کو
کیسے تیر انداز ہو سیدھا تو کر لو تیر کو

حال اُس غفلت کدے کا تھا عیاں روزِ الست
خواب دیکھا بعد، پہلے سُن لیا تعبیر کو

فرما رہا ہے حق کہ میں ربِ غفور ہوں
اب میں ہوں بے قصور جو مجھ سے گناہ ہو

دشمن بھی اپنے دوست سے یارب جدا نہ ہو
ناآشنا کو بھی الٰہی آشنا نہ ہو

جو ہو سکیں وہ مجھ سے کرو بے وفائیاں
تا پھر کسی کو تم سے امیدِ وفا نہ ہو

پوچھتے پھرتے ہیں ہر ایک سے ہم فرقت میں
ضبط کہتے ہیں کسے تھمتے ہیں کیونکر آنسو

بے جا تلاشِ دولتِ دنیا رہی وزیر
غیر از کفن نہ جائے گا شاہ و گدا کے ساتھ

میں بادہ کش فقیر ہوں محروم، خُم کی خیر
ساقی اِدھر بھی ایک پیالہ بڑھا کے ہاتھ

ترکِ مطلب سے جو مطلب ہی مرا ہوتا ہے
ہاتھ اُٹھانا ہی مجھے دستِ دعا ہوتا ہے

قفسِ تن سے نہ گھبرائیو اے طائرِ روح
جو گرفتار ہے اِک روز رِہا ہوتا ہے

رات دن سجدۂ شکرانہ ہے واجب منعم
کہ خُدا دیتا ہے اور نام ترا ہوتا ہے

کون سے جرم کی تعزیر نہیں پاتا ہوں
مجھ کو ہر روز یہاں روزِ جزا ہوتا ہے

ہم اسیروں کو قفس میں بھی ذرا چین نہیں
روز دھڑکا ہے کہ اب کون رہا ہوتا ہے

جس بزم میں ہے شیشہ فلک، ساغر آفتاب
پہنچا وہاں میں نشۂ مے کی ترنگ سے

گرمی کی اس نے بھی تجھے اللہ ری نازکی
جلنے لگیں ہتھیلیاں مہندی کے رنگ سے

بادشاہِ شاعراں ہوں گو تخلص ہے وزیر
دھوم ہے ملکِ معانی میں مرے اشعار کی

دیکھ لیتے ہیں وہ دل میں جو نہیں دیکھا کبھی
جامِ جم کہتے ہیں، جس کو کیا یہی پیمانہ ہے

آنکھیں کھلی ہوئی ہیں عجب خوابِ ناز ہے
فتنہ تو سو رہا ہے درِ فتنہ باز ہے

کچھ حال اپنے زلف کے دیوانے کا نہ پوچھ
بس مختصر ہی کر کہ یہ قصہ دراز ہے

ہم وہ شراب خوار ہیں، خمیازہ کش جو ہوں
آنے لگے صدا کہ درِ توبہ باز ہے

جھک جائے کیوں نہ شاخِ ثمردار اے وزیرؔ
اُفتادہ جو کوئی ہے وہی سرفراز ہے

کون جیتا ہے اے صنم مر کے
آؤ تو دیکھ لیں نظر بھر کے

ایک عالم نے جبہ سائی کی
اے بُتو! تم نے بھی خدائی کی

کوئے قاتل کی راہ بھولا تھا
اے اجل تو نے رہ نمائی کی

دل کہیں اور ہم نے اٹکایا
بے وفاؤں سے بے وفائی کی

سیّد محمد خاں رند

نام سیّد محمد خاں۔ تخلّص رند۔ نواب نجف خاں کے نواسے اور نواب غیاث محمد خاں نصرت جنگ نیشاپوری کے بیٹے تھے۔

۱۲۱۲ھ مطابق ۱۷۹۷ء میں فیض آباد میں پیدا ہوئے۔ وفات ۱۲۷۴ھ مطابق ۱۸۵۷ء کے لگ بھگ ہوئی۔ پرورش انتہائی ناز و نعم میں نواب بہو بیگم زوجہ شجاع الدولہ کی سرپرستی میں ہوئی۔ طبیعت بچپن سے شعر و سخن کی طرف مائل تھی۔ ذہن کی نشو و نما شاہی محلات میں ہوئی تھی۔ ہوش سنبھالتے ہی ماحول نے عاشقانہ اشعار کی جانب مائل کیا۔ ان کے دیوانِ اوّل کا نام "گلدستۂ عشق" ہے۔

تذکرہ نگاروں کے مطابق رند ایک نوجوان، حسین، عاشق مزاج اور دولت مند رئیس زادے تھے۔ رند نے دربارِ اودھ کے عیش و عشرت کا زمانہ دیکھا اور رندانہ زندگی بسر کی۔ آخر عمر میں تائب ہو گئے تھے۔

رند فیض آباد کے قیام کے دوران وفا تخلص کرتے تھے اور شعر گوئی میں میر مستحسن خلیق سے جو میر انیس کے والد تھے اصلاح لیتے تھے۔ اس عرصے میں ایک دیوان بھی مرتب کیا تھا۔ جس میں مراثی، سلام، غزلیں وغیرہ تھیں۔ لیکن یہ دیوان ضائع ہو گیا تھا۔

نواب بہو بیگم کے انتقال کے بعد رند لکھنؤ پہنچے اور وہاں آتش کی شاگردی اختیار کی۔ انہیں کی خواہش کے مطابق تخلص وفا چھوڑ کر رند اختیار کیا۔ آتش کی شاگردی میں

ان کا رنگ سخن نکھر گیا۔ جس پر انہوں نے اپنے اشعار میں فخر کا اظہار بھی کیا ہے۔

رندؔ نے ایک کلیات اپنی یادگار چھوڑا ہے۔ اس میں دو دیوان شریک ہیں۔ ایک دیوان "گلدستۂ عشق" جو شاعر نے خود مرتب کیا تھا۔ دوسرا دیوان غیر مکمل ہے جو رندؔ کی وفات کے بعد ترتیب دیا گیا۔

رندؔ کی غزلیات کو دہلی اور لکھنؤ کی شاعری کا مرکب کہا جا سکتا ہے۔ ان کے یہاں خالص لکھنوی زبان اور محاورے بھی ہیں اور دہلوی اساتذہ کی پیروی بھی نظر آتی ہے۔

ان کی غزلوں میں درد و غم، عشق و محبت، تصوف اور اخلاق اور ان سب کے ساتھ ابتذال اور عریانی کے نمونے بھی موجود ہیں۔ دواوین میں رکاکت اور ابتذال کے اشعار کی موجودگی کے باوجود زیادہ حصہ ایسا ہے جو بلند معیار ہے۔

رندؔ نے قصیدے میں بھی کہنہ مشقی اور استادی کا ثبوت دیا ہے۔ ایک واسوخت بھی کہا ہے جو ان کے دیوان میں شامل ہے۔ اس کے علاوہ قطعات بھی ملتے ہیں۔ یہ انتخاب دیوانِ رندؔ، مطبوعہ منشی نول کشور کانپور سے کیا گیا ہے۔ حالاتِ زندگی "دبستانِ آتش" مولفہ شاہ عبدالسلام (مکتبہ جامعہ نئی دہلی) سے حاصل کیے گئے ہیں۔

انتخابِ کلام

حور پر آنکھ نہ ڈالے کبھی شیدا تیرا
سب سے بیگانہ ہے اے دوست شناسا تیرا

میں مسافر ہوں اتر جاؤں گا پار اِک دم میں
تجھ کو اے موج مبارک رہے دریا تیرا

ایک عالم ہے تہ و بالا فلک کے ہاتھ سے
یہ ہنڈولا بھی کبھی زیر و زبر ہو جائے گا

وہ شجر ہوں میری قاطع ہو گی سرسبزی مری
شاخ سے جو برگ نکلے گا تبر ہو جائے گا

جو جس کے حق میں سمجھا وہ بہتر بنا دیا
مجھ کو فقیر، تجھ کو تونگر بنا دیا

غافل مقامِ رشک نہیں جائے شکر ہے
سَو سے بُرا تو ایک سے بہتر بنا دیا

ہنگامہ گرم آہِ شرر بار نے کیا
رسوائے خاص و عام دلِ زار نے کیا

وہ جنس ناقبول ہوں بازارِ دہر میں
رُخ اِس طرف کبھی نہ خریدار نے کیا

بُتانِ سنگ دل سے بے سبب کیوں دل لگا بیٹھے
یہ شیشہ دیدہ و دانستہ کیوں پتھر پہ دے پٹکا

سر دے دے مارو گیسوئے جاناں کی چاہ میں
پٹیا کرو لکیر کو کالا نکل گیا

فرقت میں اس کی شدّتِ گریہ کہاں تلک
برسا برس کے ابر کا جھالا نکل گیا

جھٹکا جو اُلجھی زلف کو جھنجلا کے یار نے
بالے سے مچھلی، کان سے بالا نکل گیا

دانہ تھا کیا حرام کا رزقِ حلال میں
منہ سے جو اے کریم نوالا نکل گیا

قصۂ آدم و ابلیس جو قرآں میں پڑھا
ہم نے سجدہ کیا جو خاک کا پُتلا دیکھا

یوں تو جایا کیے ہر سال مہینوں لیکن
اب کی نوچندی میں اک چاند سا مکھڑا دیکھا

اللہ رے غلو کفر میں مجھ رند کا اے شیخ
کعبے کی طرف ہو کے کلیسا نہیں جاتا

کیا پہنچے خبر حالِ پریشاں کی ہمارے
اس تک کوئی اخبار کا پرچا نہیں جاتا

ہے تذکرہ اب تک میری شوریدہ سری کا
یہ ذکر، یہ مذکور، یہ چرچا نہیں جاتا

جائیے گھر کو نہ گھبرائیے آپ
ہم نہ مر جائیں گے بس جائیے آپ

دل سمجھتا نہیں مجھ سے ناصح
آپ سے سمجھے تو سمجھائیے آپ

اگرئی کا ہے گماں، شک ہے ملاگیری کا
رنگ لایا ہے دوپٹہ ترا میلا ہو کر

کس کو معلوم ہے احوال کہ کل کیا ہو گا
تجھ کو ناداں عبث فکرِ مہ و سال ہے آج

آ عندلیب مِل کے کریں آہ و زاریاں
تو ہائے گُل پکار، میں چلّاؤں ہائے دل

پھر وہی کُنجِ قفس ہے وہی صیاد کا گھر
چار دن اور ہوا باغ کی کھا لے بُلبُل

کہتے ہیں جسے عشق کچھ آسان نہیں ہے
مشکل ہے بہت اس کا ارادہ نہ کرو تم

سب کرتے ہیں چشمک، مجھے ہوتی ہے ندامت
یوں آنکھ چرا کر مجھے دیکھا نہ کرو تم

نہ ستا در پہ پڑا رہنے دے کیا لیتے ہیں
اے شہ حُسن فقیروں کی دعا لیتے ہیں

میرے ہمراہی مجھے چھوڑ گئے یاں ورنہ
قافلے والے تو سوتوں کو جگا لیتے ہیں

اور عالم ہے اس کے کوچے کا
یہ زمیں اور یہ آسماں نہیں

حالِ دل خود زباں پہ آتا ہے
اختیاری مرا بیان نہیں

مرنے لگوں تو مُنہ طرف کوئے یار ہو
مومن ہوں وقتِ نزع مجھے قبلہ رو کریں

نامِ خدا جمال ہے ان کا کمال پر
چودہ برس کا سن ہے وہ بدرِ منیر ہیں

شرم بے جا ہے، بُرا کرتے ہو
اچھّی صورت کو چھپایا نہ کرو

دیکھنے والوں کی جانب دیکھو
اس طرح آنکھ چرایا نہ کرو

ہجر میں جان رہی یا گزری
رندؔ کہو تم پر کیا گزری

گزرے جس دن ہم دنیا سے
ہم نے جانا دنیا گزری

ہم آفتابِ بام ہیں یا ہیں چراغِ صبح
کیا اعتبار شام گئے یا سحر گئے

اب تک وہ ایک ایک سے کہتے ہیں تذکرہ
ہر چند ترکِ عشق کو برسوں گزر گئے

وہ کون لوگ ہیں بیگانے ہیں جو اپنوں سے
ہمیں تو غیر سے بھی بوئے آشنا آئی

ساقیا جھوم کے بدلی جو کبھو آتی ہے
حسرتِ ساغر و صہبا و سبو آتی ہے

رند مشرب ہوں فقط نامِ خدا جپتا ہوں
نہ نماز آئے نہ ترتیبِ وضو آتی ہے

حوُر کے واسطے کرتا ہوں تمنائے بہشت
آدمی ہوں ہوسِ روئے نکو آتی ہے

بہے کب تلک چشمِ تر جائے گی
یہ ندی چڑھی ہے اُتر جائے گی

بس اب آپ تشریف لے جائیے
جو گزرے گی مجھ پہ گزر جائے گی

طبیعت کو ہوگا قلق چند روز
ٹھہرتے ٹھہرتے ٹھہر جائے گی

کیا ملا عرضِ مدّعا کر کے
بات بھی کھوئی التجا کر کے

سانس دیکھی تنِ بسمل میں جو آتے جاتے
اور جلاد نے چرکا دیا جاتے جاتے

جہاں گُل تھے اِک خار بھی واں نہیں ہے
اجاڑے خزاں نے چمن کیسے کیسے

عدم ابتدا ہے عدم انتہا
ہماری بقا اور فنا ایک ہے

عمل فقر کا ہے عجائب کا گھر
یہاں مسند و بوریا ایک ہے

مر گیا، پر دماغ سے میرے
نکہتِ زلفِ مشکبو نہ گئی

عمر بھر شعر عاشقانہ لکھے
ہاتھ سے طرزِ گفتگو نہ گئی

اصغر علی خاں نسیمؔ دہلوی

نام اصغر علی خاں۔ تخلص پہلے اصغرؔ اور پھر نسیمؔ اختیار کیا۔

ولادت ۱۲۱۴ھ مطابق ۱۸۰۰-۱۷۹۹ء۔ وفات ۱۲۸۲ھ مطابق ۱۸۶۶-۱۸۶۵ء۔

والد کا نام آقا (آغا) علی خاں تھا۔ دہلی کے قدیم امرا میں تھے اور نواب کا خطاب رکھتے تھے۔ نسیمؔ دہلی میں پیدا ہوئے۔ قدیم شرفا کی طرح ابتدائی تعلیم گھر پر ہی حاصل کی۔ فارسی کی درسی کتابوں کے علاوہ عربی کا مروج علم بھی حاصل کیا۔ اس کے علاوہ خوش خطی سیکھی۔

والد کے انتقال کے بعد ان کا اپنے بھائیوں سے جایداد کی تقسیم پر جھگڑا ہوا اور وہ اپنے سب سے بڑے بھائی اکبر علی خان کو ساتھ لے کر واجد علی شاہ کے عہد میں لکھنؤ چلے گئے۔ جہاں انہوں نے وضع داری کے ساتھ زندگی بسر کی۔ دہلی میں ان کی زندگی آرام سے گزر رہی تھی۔ لکھنؤ آ کر انہیں امرائے وقت کا سہارا بھی تلاش کرنا پڑا۔ جس کا اندازہ ان کے قصائد سے ہوتا ہے۔ لیکن درباروں میں تمام شاعر مقامی تھے۔ دہلوی ہونے کی وجہ سے ان کی رسائی کسی دربار میں نہ ہو سکی۔ بعد میں انہوں نے خوش نویسی کو ذریعہ معاش بنایا۔ کچھ عرصہ مطبع مصطفائی میں خوشنویس رہے۔ پھر منشی نول کشور کے مطبع میں ملازم ہو گئے اور وہیں الف لیلہ جلد اوّل منظوم کی۔

شاعری کا شوق کم عمری سے تھا۔ مومنؔ کے شاگرد تھے۔ کلام بے شمار تھا۔ زیادہ ان کی عدم توجہی اور لاپروائی کی وجہ سے ضائع ہو گیا۔ ان کی وفات کے بعد ان کے شاگردوں

کو جتنا کلام مل سکا اس کا مجموعہ "دفترِ شگرف" کے تاریخی نام سے ۱۲۸۴ ھ میں چھپوا دیا۔ اس کے علاوہ الف لیلہ کی جلد اوّل جس میں تخمیناً سولہ ہزار ایک سو اشعار ہیں ان کی یادگار ہے۔

معاصر تذکرے جو نسیم کی حیات میں دہلی میں لکھے گئے ان کے ذکر سے خالی ہیں، شاید اس کا سبب یہ ہو کہ ان کے کلام کو شہرت لکھنؤ میں ملی۔ جہاں فنِ شاعری میں ان کے شاگردوں کے نام بھی ملتے ہیں۔ جن میں ایک اہم نام تسلیم کا ہے۔ حسرت موہانی ان ہی کے سلسلے کے شاعر ہیں۔

ان کے معاصرین میں ایک جانب دہلی میں غالب، ذوق اور مومن جیسے اساتذہ موجود تھے، دوسری جانب لکھنؤ میں ناسخ اور آتش کی استادی کا چرچا تھا۔ ان کے علاوہ مصحفی، سوز، میر وغیرہ کے شاگرد بھی میدانِ سخن میں موجود تھے۔

انہوں نے اپنے استاد مومن کے رنگِ سخن کے ساتھ ساتھ لکھنوی اندازِ بیاں بھی اپنایا۔ اس لیے نوجوان طبقے میں مقبول ہوئے۔ اس وقت لکھنؤ اور دہلی میں ایک قسم کی رقابت کی فضا قائم تھی۔ نسیم کا چند نوجوان شعرا کو اپنے گرد جمع کر لینا بھی اہم معرکہ ہے اور یہ اسی طرح ممکن تھا کہ انہوں نے لکھنؤ اور دہلی دونوں ہی مکاتیبِ شعری کی پاسداری کی۔ ان کے کلام میں مومن کی نازک خیالی اور تراکیب کی ندرت بھی نظر آتی ہے اور اس کے ساتھ ہی معاملہ بندی اور صنائع بدائع لفظی کا اہتمام بھی ملتا ہے، جو اس وقت لکھنوی شاعری کی خصوصیت تھی۔

یہ انتخاب کلیاتِ نسیم، مرتبہ کلب علی خاں فائق (مطبوعہ مجلس ترقی ادب لاہور) سے کیا گیا ہے۔

انتخابِ کلام

تم تک مجھے لایا تھا جوش اس دلِ مضطر کا
اب جاؤں کہاں رستہ معلوم نہیں گھر کا

خود رفتہ و شیدا ہیں، بے تاب ہیں رسوا ہیں
کیا تجھ سے کہیں پیارے جو حکم مقدّر کا

ابرو میں خم، جبیں پہ شکن، آنکھ میں غضب
کیا مدّعا ہے قاتلِ خنجر کشیدہ کا

حیا بڑھنے نہیں دیتی ارادہ نوجوانی کا
اشارہ ہو کے رہ جاتا ہے ہم پر مہربانی کا

نہیں سنتا اسے اب دل لگا کر کوئی رغبت سے
مزا محفل میں تیری لٹ گیا میری کہانی کا

دارِ فانی مقامِ لغزش ہے
کوئی اپنا قدم جما نہ سکا

چھپ چھپ کے وہ پردے سے نظارا نہیں ہوتا
مدت ہوئی اے جان اشارا نہیں ہوتا

اتنا تو کہو حشر میں دکھلائیں گے صورت
مر جاتا ہے انساں جو سہارا نہیں ہوتا

کوئی شیشہ نہیں اے رونقِ محفل ٹوٹا
آہ کی ٹھیس لگی آبلۂ دل ٹوٹا

چار دن کے بعد فرقِ درمیاں ہو جائے گا
دوست تو ہو گا تو دشمن آسماں ہو جائے گا

دم تو نکلا ہے مگر دل سے نہ پیکاں نکلا
یہ بھی شاید اسی بے رحم کا ارماں ہو گا

کیوں ڈراتے ہیں یہ واعظ کہ خبردار رہو
کیا جہنّم بھی کوئی کوچۂ جاناں ہو گا

سخت جانوں کے لئے موت کہاں او ظالم
سَم بھی دے گا تو مرے حق میں وہ درماں ہو گا

زمانے میں کوئی ایسا نہ ہو گا
جو تیرے حسن پہ شیدا نہ ہو گا

اٹھاتا ہے ندامت کس لئے تو
یہ درد اے چارہ گر اچھّا نہ ہو گا

کہے دیتی ہیں یہ نیچی نگاہیں
کہ بالائے زمیں کیا کیا نہ ہو گا

ساغر پلا کے بے خبرِ دو جہاں بنا
او پیرِ مے فروش ہمیں بھی جواں بنا

اللہ ری درازیٔ آغازِ مدّعا
نکلا جو حرف مُنہ سے مرِ داستاں بنا

کسی صورت تو دل کو شاد کرنا
ہمیں دشمن سمجھ کر یاد کرنا

بہت مشکل ہے ان سنگیں دلوں سے
خیالِ خاطرِ ناشاد کرنا

کمالِ بے ادبی سے یہ عرض کرتے ہیں
ہمیں سے اے قدرِ جاناں کشیدہ ہونا تھا

نہ برگ و گُل نہ ثمر، سب سے پاک دامن ہوں
مرے نصیب میں شاخِ بریدہ ہونا تھا

کمال ربط میں ہوتی ہیں سیکڑوں باتیں
نہ اس قدر تمہیں ہم سے کشیدہ ہونا تھا

اے اضطرابِ شوق تری عمر ہو دراز
راحت سفر میں ہے نہ تحمل وطن میں تھا

بے ہوشیاں نصیب رہیں سامعین کو
کیفِ شرابِ ناب مرے ہر سخن میں تھا

دن کو زبانِ خلق پہ ہوگا مرا مقام
وہ ذکر ہوں جو شب کو تری انجمن میں تھا

دل اس کو جانتا ہے زباں سے میں کیا کہوں
جو کچھ مزا فراق کے رنج و محن میں تھا

جلتا رہا ہوں رشکِ عدو سے تمام رات
میں مثلِ شمع شب کو تری انجمن میں تھا

کیا سرگزشتِ دہر کی مجھ کو خبر نسیم
میں تو خیالِ دلبرِ گل پیرہن میں تھا

افتادگی نے اور ہی عالم دکھا دیا
نقشِ قدم سمجھ کے ہر اک نے مٹا دیا

جوشِ سرشک دیدۂ تر میں کمی کہاں
دریا یہ وہ نہیں کہ چڑھا اور اُتر گیا

ہمارا بھی خدا ہے زاہدو! اتنا نہ اِتراؤ
وہ کافر ہے جسے شک رحمتِ غفار میں آیا

بہت مشکل ہے رہنا پاک دامن لوث دنیا سے
اُلجھ کر رہ گیا جو وادیٔ پُرخار میں آیا

برہمن دیر کو راہی ہوا اور شیخ کعبے کو
نکل کر اس دو راہے سے میں کوئے یار میں آیا

اے دل سمجھ نہ پاسِ عزیز و یگانہ فرض
عاشق کے واسطے نہیں رسمِ زمانہ فرض

مضمون کے بھی شعر اگر ہوں تو خوب ہے
کچھ ہو نہیں گئی غزلِ عاشقانہ فرض

باعثِ بے رونقی ہے جلئے ویراں میں چراغ
اس لیے روشن نہیں کرتے بیاباں میں چراغ

تیرہ بختوں سے فروغِ ظاہری رہتا ہے دُور
کس نے دیکھا دامنِ شامِ غریباں میں چراغ

بے حال کیے نہ جانے دوں گا
عاشق ہوں نامہ بر نہیں ہوں

کرشمے غمزے سب او فتنۂ عالم سمجھتے ہیں
تری اس چشم دُز دیدہ کے تیور ہم سمجھتے ہیں

نسیمؔ دہلوی ہم موجدِ بابِ فصاحت ہیں
کوئی اُردو کو کیا سمجھے گا جیسا ہم سمجھتے ہیں

دی ہے عجب تاثیر خدا نے کچھ میرے افسانے کو
رو کے اٹھا وہ پاس سے میرے جو آیا سمجھانے کو

کس کو غرض رہے جو اسیرِ بلا کے ساتھ
بے کس وہ ہوں اثر بھی نہیں ہے دعا کے ساتھ

واعظ لحاظِ بادہ پرستی ضرور ہے
تو بھی شریکِ بزم ہو ساغر اٹھا کے ساتھ

صحرا میں ہوئی گہر فشانی
کام آئی مری برہنہ پائی

توبہ شکنی شباب میں کر
کب تک اے جان پارسائی

بے سبب ہر بات میں آزردگی
کیا بری عادت تمہاری ہو گئی

ایسے جفا شعار سے اظہارِ آرزو
دیکھو تو حوصلے دلِ خانہ خراب کے

سینہ ہجومِ داغ سے گلزار ہے نسیمؔ
تختے کھلے ہوئے ہیں برابر گلاب کے

کہتے ہیں سن کے تذکرے مجھ غم رسیدہ کے
افسانے کون سنتا ہے حالِ شنیدہ کے

جب اور کسی پر کوئی بیداد کرو گے
یہ یاد رہے ہم کو بہت یاد کرو گے

مآلِ عاشقی کیا پوچھتے ہو
جگر کے پار ہر تیرِ نظر ہے

تمہیں کیا ہم پہ جو گزری سو گزری
حساب اے جاں ہمارا حشر پہ ہے

صفائی دیر میں قاتل سے ہوگی
یہ آسانی بڑی مشکل سے ہوگی

محبت ہو کسی سے یا عداوت
مزا دے جائے گی جو دل سے ہوگی

نواب محمد مصطفیٰ خاں شیفتہ

محمد مصطفیٰ خاں نام شیفتہ اور حسرتی تخلص۔ دہلی میں پیدا ہوئے۔ ان کے والد عظیم الدولہ سرفراز الملک نواب مرتضیٰ خاں بہادر مظفر جنگ تھے۔

پیدائش ۱۲۲۰ھ مطابق ۰۶-۱۸۰۵ء۔ وفات ۱۲۸۵ھ مطابق ۶۹-۱۸۶۸ء۔

نواب محمد مصطفیٰ خاں شیفتہ کے اجداد فرخ سیر کے عہد میں کوہاٹ سے دہلی آئے اور حصولِ مراتب و مناصب کے ساتھ فرخ آباد میں اقامت گزیں ہوئے۔ جب سلطنت دہلی پر زوال آیا تو نواب مرتضیٰ خاں نے مہاراجا جسونت راؤ ہلکر کی فوج میں ایک اونچے عہدے پر ملازمت کر لی۔ ان دنوں لارڈ لیک مرہٹہ فوجوں سے برسرِ پیکار تھا۔ ان کی کوشش تدبیری سے یہ جدال و قتال صلح و صفائی پر ختم ہو گیا جس سے خوش ہو کر لارڈ لیک نے نواب مرتضیٰ خاں کو گوڑ گانوے کے مضافات میں ایک علاقہ جس کی آمدنی تین لاکھ روپے سالانہ تھی بطور جاگیر دیا۔ ان کے انتقال کے بعد حکومت نے یہ جاگیر ضبط کر لی۔ لیکن خاندان والوں کا وظیفہ بیس ہزار روپے سالانہ مقرر کر دیا۔ جہانگیر آباد کا علاقہ نواب صاحب نے اپنی زندگی میں خرید کر شیفتہ کے نام کر دیا تھا۔

شیفتہ ایک بڑے گھرانے کے چشم و چراغ تھے۔ دولت اور امارت ان کو ترکے میں ملی تھی۔ ساتھ ہی علم دوستی اور ذہانت کے جوہر بھی ان کو عطا ہوئے تھے۔ کم عمری

عمر میں شعر کہنا شروع کیا اور دس بارہ سال کی مشقِ سخن میں ایک صاحبِ طرز شاعر کی حیثیت سے تاریخ ادب میں اپنی ایک ممتاز جگہ بنالی۔ مومن سے ان کے دوستانہ اور برادرانہ تعلقات بھی تھے اور شعر و سخن میں مومن ہی ان کے استاد تھے۔ مومن کے انتقال کے بعد اعترافِ عقیدت کے طور پر شیفتہ نے غالب کی شاگردی اختیار کی۔ ان کا دائرہ احباب بہت وسیع تھا۔ علماء، امراء، صوفیہ، ادباء، شعرا سبھی سے ان کی دوستی تھی۔ علم و فضل کے جوہر شناس ان سے رشتۂ اخلاص قائم کرنا اپنے لیے موجبِ فخر سمجھتے تھے۔ خاص طور پر شعر و ادب کے حلقوں میں ان کا بڑا احترام کیا جاتا تھا۔

شیفتہ کا زمانہ ایک طرف سیاسی افراتفری، اقتصادی اور اخلاقی بدحالی کا زمانہ تھا۔ دوسری طرف علماء اور صوفیہ کی محفلیں علم و ہدایت کے چراغوں سے روشن تھیں۔ امراء کے طفیل سے طوائفوں کے کوٹھے بھی آباد تھے اور دلوں پر مذہب اور تصوف کی گرفت بھی مضبوط تھی جس کی مثال شیفتہ کی اپنی زندگی ہے۔

نوجوانی میں شعر و شاعری کے ساتھ عشق و عاشقی کے مراحل بھی آئے۔ رمجو نامی ایک طوائف ان کی منظورِ نظر تھی جس کے نام منظوم خطوط بھی ان کے دیوان میں موجود ہیں۔

۱۸۳۹ء میں حج بیت اللہ کے لیے روانہ ہوئے اور پورے دو سال تین دن کے بعد جب وہ دہلی واپس آئے تو ان کی زندگی یکسر بدل چکی تھی۔ اب شراب کی جگہ اوراد و وظائف نے لے لی تھی۔ شیفتہ نے علوم ظاہری کے ساتھ علوم باطنی پر بھی توجہ کی۔ خاص طور پر مکہ معظمہ اور مدینہ منورہ میں باکمال اساتذہ سے فقہ اور حدیث کے علوم کا فیض حاصل کیا۔

شیفتہ کی حسبِ ذیل تصانیف یادگار ہیں۔

۱۔ ترغیب السالک الی احسن المسالک

۲۔ لحنِ عراق

۳۔ گلشنِ بےخار

۴۔ دیوانِ فارسی

۵۔ دیوانِ اردو

یہ انتخاب دیوانِ شیفتہ، مرتب حبیب اشعر دہلوی مطبوعہ ۱۹۶۵ء (مکتبہ حمیدیہ لاہور) سے کیا گیا ہے۔

انتخابِ کلام

یاں خار و خس کو بے ادبی سے نہ دیکھنا
ہاں عالمِ شہود ہے آئینہ ذات کا

کچھ انتظار مجھ کو نہ مے کا نہ ساز کا
ناچار ہوں کہ حکم نہیں کشفِ راز کا

پانی وضو کو لاؤ رُخِ شمع زرد ہے
مینا اٹھاؤ وقت اب آیا نماز کا

ہم بھی کیا سادے ہیں کیا کیا ہیں توقع اُس سے
آج تک جس نے ذرا حال نہ جانا دل کا

شیفتہ ضبط کرو ایسی بھی کیا بے تابی
جو کوئی ہو تمہیں احوال سنانا دل کا

جور و جفا بھی غیر پہ اے یارِ دل شکن
کچھ بھی خیال ہے دلِ امیدوار کا

اس سے میں شکوے کی جا شُکرِ ستم کر آیا
کیا کروں تھا مرے دل میں سوزِ باں پر آیا

جفا و جور کا اس سے گلہ کب
جو پوچھے مہربانی کیا؟ وفا کیا؟

شمیم گل میں بوئے پیرہن ہے
غلط ہے یہ کہ احسانِ صبا کیا!

ابھی اے شیفتہ واقف نہیں تم
کہ باتیں عشق میں ہوتی ہیں کیا کیا

وادیٔ نجد کو دلّی سے نہ دینا نسبت
ہے وہ مجنوں کا بیابان یہ بیاباں میرا

یاس سے آنکھ بھی جھپکی تو توقع سے کھلی
صبح تک وعدۂ دیدار نے سونے نہ دیا

شرماتے اس قدر رہے کیوں آپ رات کو
مدّت میں گو ملے تھے مگر میں نیا نہ تھا

حسرت سے اس کے کوچے کو کیوں کر نہ دیکھیے
اپنا بھی اس چمن میں کبھی آشیانہ تھا

کیا میکدوں میں ہے کہ مدارس میں وہ نہیں
البتّہ ایک واں دلِ بے مدّعا نہ تھا

آج ہی کیا شرم و شوخی کو ملایا ہے باہم
غیر سے بے باک مجھ سے شرمگیں تو کب نہ تھا

آج ہی اُٹھ کر یہاں سے کیا عدو کے گھر گیا
مہروش شب کو کہیں دن کو کہیں تو کب نہ تھا

تجھ کو شک الفت میں اپنی ہم کو وہم ربطِ غیر
بدگماں ہم کب نہ تھے اور بے یقیں تو کب نہ تھا

آج ہی کچھ سوزِ ہجراں سے نہیں پروانہ وار
شیفتہ بے تاب روئے آتشیں تو کب نہ تھا

نہ کرنا خطا پر نظر شیفتہ
کہ اغماض شیوہ ہے احباب کا

ہم طالبِ شہرت ہیں ہمیں ننگ سے کیا کام
بدنام اگر ہوں گے تو کیا نام نہ ہو گا

تم لوگ بھی غضب ہو کہ دل پر یہ اختیار
شب موم کر لیا سحر آہن بنا دیا

اظہارِ عشق اس سے نہ کرنا تھا شیفتہ
یہ کیا کیا کہ دوست کو دشمن بنا دیا

اے ستمگر رگِ جاں میں ہے مری پیوستہ
دم نکل جائے گا سینے سے مرے تیر نہ کھینچ

جو بات میکدے میں ہے اِک اِک زبان پر
افسوس مدرسے میں ہے بالکل نہاں ہنوز

ناصح مری ملامتِ بے جا سے فائدہ
بے اختیار دل کو ہے اس دل رُبا سے ربط

تیرے ستم سے ہے یہ دعا لب پہ دم بدم
یارب کسی کو ہو نہ کسی بے وفا سے ربط

کم التفات ہم سے سمجھتے ہیں اہلِ بزم
شرمندہ ہو گئے تری شرم و حیا سے ہم

کم فہم ہیں تو کم ہیں پریشانیوں میں ہم
دانائیوں سے اچھے ہیں نادانیوں میں ہم

پیرِ مغاں کے فیضِ توجہ سے شیفتہ
اکثر شراب پیتے ہیں روحانیوں میں ہم

کچھ درد ہے مطربوں کی لَے میں
کچھ آگ بھری ہوئی ہے نَے میں

بدمست جہان ہو رہا ہے
ہے یار کی بُو ہر ایک شے میں

ہے مستیٔ نیم خام کا ڈر
اصرار ہے جام پے بہ پے میں

مے خانہ نشیں قدم نہ رکھیں
بزمِ جم و بارگاہِ کَے میں

مطرب بدیع نغمہ و ساقی پری جمال
کیا شرح حالتِ دلِ درد آشنا کروں

طوفانِ نوح لانے سے اے چشم فائدہ
دو اشک بھی بہت ہیں اگر کچھ اثر کریں

نیرنگیوں نے تیری یہ حالت تغیر کی
امید زندگی کی کبھو ہے کبھو نہیں

کیا ہو سکے کسی سے علاج اپنا شیفتہ
اس گُل پہ غش ہیں جس میں محبّت کی بُو نہیں

پہنچے کہاں تصرّفِ ساقی سے اہلِ بزم
پہنچی نہیں شراب صراحی سے جام میں

اثرِ آہِ دلِ زار کی افواہیں ہیں
یعنی مجھ پہ کرمِ یار کی افواہیں ہیں

جنسِ دل کے وہ خریدار ہوئے تھے کس دن
یہ یونہی کوچہ و بازار کی افواہیں ہیں

مت چھیڑ کہ یار سے جدا ہوں
اے مرگ میں آپ مر رہا ہوں

ہمدم ! نہ سہی محبت اس کو
اس بات پہ کیا اسے نہ چاہوں

ہائے وہ شوق ملاقات عدو میں جاگے
جس کی آنکھوں کے تصوّر میں مجھے خواب نہیں

منع کیوں عشقِ مجازی سے ہمیں کرتے ہو
زاہدو ! دہر مگر عالم اسباب نہیں ؟

اک حالِ خوشی میں بھول گئے کائنات کو
اب ہم وہاں ہیں ساقی و مطرب جہاں نہیں

آرام سے ہے کون جہانِ خراب میں
گل سینہ چاک اور صبا اضطراب میں

افسردہ خاطری وہ بلا ہے کہ شیفتہ
طاعت میں کچھ مزا ہے نہ لذّت گناہ میں

ناصحو! یوں بھی تو مر جاتے ہیں
عشق سے مجھ کو ڈراتے کیوں ہو

آتشِ عشق کہیں بجھتی ہے
شیفتہ اشک بہاتے کیوں ہو

اتنی نہ بڑھا پاکیٔ داماں کی حکایت
دامن کو ذرا دیکھ ذرا بندِ قبا دیکھ

پھر محرّک ستم شعاری ہے
پھر اُنھیں جستجو ہماری ہے

پھر خیالِ نگاہِ کافر ہے
پھر تمنائے زخمِ کاری ہے

پھر وہی بے قراریٔ تسکیں
وہی تسکینِ بے قراری ہے

مرنے کا مرے نہ ذکر کرنا
قاصد وہ بہت الم کریں گے

عشق ذلّت ہے تو ذلّت ہی سہی
میری ذلّت تری عزّت ہی سہی

اے شیفتہ ہم جب سے کہ آئے ہیں حرم سے
شوقِ صنم و خواہشِ صہبا نہیں رکھتے

واہ رندی و مے کشی کہ یہاں
عمر بھر عالمِ شباب رہے

بے عذر وہ کر لیتے ہیں وعدہ یہ سمجھ کر
یہ اہلِ مروّت ہیں تقاضا نہ کریں گے

وہ شیفتہ کہ دھوم ہے حضرت کے زہد کی
میں کیا کہوں کہ رات مجھے کس کے گھر ملے

دل لیا جس نے بے وفائی کی
رسم ہے کیا یہ دل ربائی کی

دل لگایا تو ناصحوں کو کیا
بات جو اپنے جی میں آئی کی

عشق میں ساری خوبیاں ہیں جمع
اک مگر جان کا ضرر کچھ ہے

شیوہ تمام غنچہ نشگفتہ کا ہنوز
بندِ قبائے شاہدِ گل پیرہن میں ہے

کیا کیا پھنسا رہی ہے ہمیں دامِ رشک میں
آشفتگی کہ زلفِ شکن در شکن میں ہے

ممکن نہیں کہ برقِ نگہ غیر پر پڑے
جز طور اور پر ہو تجلّی محال ہے

ہزار دام سے نکلا ہوں ایک جنبش میں
جسے غرور ہو آئے کرے شکار مجھے

زیاں ہے عشق میں ہم خود بھی جانتے ہیں مگر
معاملہ ہی کیا ہو اگر زیاں کے لئے

فسانے اپنی محبّت کے سچ ہیں پر کچھ کچھ
بڑھا بھی دیتے ہیں ہم زیبِ داستاں کے لئے

کرتے ہیں جور و جفا، ناز و ادا کہتے ہیں
یہ بھی کیا لوگ ہیں کیا کرتے ہیں کیا کہتے ہیں

منت کشِ عتاب پر الطاف شرط ہے
تنہا ستم نہ کیجیے انصاف شرط ہے

شاید اسی کا نام محبت ہے شیفتہ
اِک آگ سی ہے سینے کے اندر لگی ہوئی

نظام شاہ نظام رامپوری

نام زکریا شاہ اور نظام شاہ تخلص نظام۔

ولادت ۱۲۳۵ھ مطابق ۱۸۱۹ء کے لگ بھگ۔ وفات ۱۲۸۹ھ مطابق ۱۸۷۲ء۔

نظام کا سلسلۂ نسب حضرت محی الدین عبدالقادر جیلانیؒ تک پہنچتا ہے۔ ان کے جدِ اعلیٰ سید عبداللہ شاہ قبائلی علاقے سے علی محمد خاں بانی ریاست روہیلکھنڈ کے عہد میں آئے اور روہیلکھنڈ میں قیام کیا۔ جہاں وہ رشد و ہدایت کے فرائض انجام دیتے رہے۔ ان کے بعد یہ سلسلہ ان کی اولاد نے جاری رکھا۔ اسی خاندان کے ایک بزرگ حافظ احمد شاہ نے رامپور میں سکونت اختیار کی۔ نظام ان سے بیعت تھے، اور ابتداً میں شعر و شاعری میں ان کے شاگرد بھی۔ ان بزرگ کی وفات کے بعد نظام ان کے سجادہ نشیں بھی ہوئے۔

فارسی اور عربی میں دستگاہ تھی۔

رامپور میں اس وقت لکھنؤ اور دہلی کے باکمال ادبا و شعرا مقیم تھے۔ ان میں ایک نمایاں نام علی بخش بیمار کا تھا۔ جو مصحفی اور غفلت رامپوری کے شاگرد تھے۔ بعد میں نظام نے بیمار کی شاگردی اختیار کی۔

دہلی میں آتی نظام ریاست رامپور کے سواروں میں ملازم ہوگئے۔ تنخواہ بہت قلیل تھی۔ پہلے دس روپے ماہانہ ملتے تھے۔ اضافے کے بعد بھی تیس۳۰ روپے سے زیادہ نہیں ہوئے۔ انہوں نے اپنے ممدوحین کے جو قصیدے لکھے ہیں۔ ان سے نظام کی زبوں حالی کا بخوبی اندازہ ہوتا ہے۔ ان کی رسائی دربار تک ضرور تھی لیکن ان کے قصائد زیادہ تر بخشش کی منظوم عرضداشت ہوتے تھے۔ جن سے ان کی مالی پریشانیاں ظاہر ہیں۔ ایک قصیدے میں انہوں نے بڑے دردناک انداز میں اپنے آٹھ بچوں کی موت کا ذکر کیا ہے اور اپنی نویں اور آخری اولاد کے لیے مالی اعانت کی درخواست بھی۔ ان کا یہی بیٹا زندہ رہا جس کا نام قیصر شاہ تھا۔ معاشی حالات کی ابتری ان کی خاندانی زندگی پر بھی اثر انداز ہوئی اور بیوی اپنے میکے چلی گئی۔ ان کے لڑکے نے نانا کے گھر پرورش پائی اور وہ اس خوشی سے بھی محروم رہے۔ ان کے انتقال کے وقت ان کے لڑکے کی عمر تین سال تھی۔

فرمانروائے ریاست رامپور نواب یوسف علی خاں ناظم کو شعر و سخن کا ذوق تھا اور وہ محکموں کے سربراہ بھی تھے۔ نظام نے ناظم کی فرمائش پر غزلیں کہیں اور ان سے داد حاصل کی لیکن رئیس کی استادی کا شرف حاصل کرنے کی حیثیت اور جرأت نہ تھی اس لیے اس کی شاگردی کے اعتراف کو غنیمت سمجھا۔ اسی بنا پر بعض تذکرہ نگاروں نے انہیں ناظم کا شاگرد شمار کرلیا۔

نظام بیمار کے شاگرد تھے اور انہی کے انداز کو اختیار کیا۔

نظام کی شاعری میں دہلی کی زبان کی پیروی ہے لیکن معاملہ بندی کا رنگ غالب ہے۔ ان کے دیوان کے مطالعے کے بعد انہیں بہترین شعرا میں تسلیم نہیں کیا جاسکتا۔ لیکن ان کے یہاں نفسیات محبت کی تصویر کشی ضرور ملتی ہے۔ ان کے اور داغ کے اشعار میں ایک طرح کی مماثلت موجود ہے۔ نظام کا اندازِ سخن قدیم ہے اور داغ کے یہاں

جدّت کے ساتھ یہ رنگ زیادہ نکھرا ہوا ملتا ہے۔ یہ کہا جا سکتا ہے کہ جو رنگ داغ کو معاصرین سے ممتاز کر گیا۔ اس کی ابتدائی شکل نظام کی شاعری میں موجود ہے۔

تذکروں میں نظام کے شاگردوں کا ذکر ملتا ہے۔

یہ انتخاب "کلیاتِ نظام" مرتبہ کلب علی خاں فائق (مطبوعہ مجلس ترقی ادب لاہور) سے کیا گیا ہے۔

انتخابِ کلام

خوش ہوں اس وعدہ فراموشی سے
اس نے ہنس کر تو کہا بھول گیا

وہ یوں مسکرا کر نہ منہ پھیرتے
نہ منظور ہوتا اگر دیکھنا

رسائی تو معلوم ہمدم! وہاں
یہ سچ ہے ہمیں بھی مگر دیکھنا

یوں آپ تو کہوں گا نہ رنجش کا ماجرا
پوچھو گے تم تو مجھ سے چھپایا نہ جائے گا

آپ سے ایسی بے وفائی ہو
یہ یقیں آپ پر نہیں آتا

گر دوستو! تم نے اسے دیکھا نہیں ہوتا
کہنے کا تمہارے مجھے شکوہ نہیں ہوتا

لب تک بھی کبھی حرفِ تمنا نہیں آیا
ایسا کوئی محرومِ تمنا نہیں ہوتا

نامہ بر! اس نے تو کہا سب کچھ
تُو نے بھی حال کچھ کہا میرا ؟

یوں تو تھا دشمنِ جاں ایک زمانہ میرا
آج کچھ بار ہوا تم پہ بھی آنا میرا

خواب میں بھی نہ اُسے دیکھوں یہ قسمت دیکھو
خوبیٔ طالعِ بیدار نے سونے نہ دیا

تیری فرقت میں مری جاں نہ ہوا تھا سو ہوا
دل تجھے دے کے پشیماں نہ ہوا تھا سو ہوا

تیرا ملنا تو ہے مشکل مگر اتنا تو ہوا
اپنا مرنا مجھے آساں نہ ہوا تھا سو ہوا

بس اک بار کہہ دے جو کہنا ہے تجھ کو
نہ رُک رُک کے کہہ نامہ بر تھوڑا تھوڑا

ہوا نادم میں حالِ دل سُنا کر
جو اس نے مجھ کو دیکھا مسکرا کر

نہ پوچھو میرے آنے کا سبب تم
میں خود حیراں ہوں اس محفل میں آکر

دوستو! تم سے کیا کہوں احوال
کچھ نہ پوچھو یہ ماجرا ہے اور

یوں تو سبھی بھلے ہیں زمانے میں اے نظام
ڈالے نہ پر کسی سے کسی کی خدا غرض

تم بھی نہ جفا سے باز آنا
اُلفت سے نہ باز آئیں گے ہم

یہ لگاوٹ یہ کرشمہ ، یہ ادا ، یہ شوخی
تمہیں منصف ہو تمہیں پیار کروں یا نہ کروں

کیا اجازت فقط آنے کی یہاں تک ہے مجھے
تم سے باتیں بھی میں دو چار کروں یا نہ کروں

وہ جھروکوں میں جو آجائیں تو اتنا پوچھوں
بسترِ اپنا پسِ دیوار کروں یا نہ کروں

تو ہی جنّت میں جائیو زاہد
ساکنِ کوچۂ بتاں ہوں میں

وہ اشاروں میں اس کا کہنا ہائے
دیکھو اپنے پرائے بیٹھے ہیں

چشمِ گریاں یہ کس نے پونچھے اشک
دیکھ تو کون آ کے بیٹھے ہیں

ستم میں جب اُس کے مزا پائے دل
زباں سے اُسے بے وفا کیا کہوں

مجھے کیا کہے، اور تمہیں کیا کہے
کسی سے جو میں حال اپنا کہوں

وہ بات کون سی ہے جو اب اُن کو میں لکھوں
مضموں وہ کون سا ہے جو پہلے لکھا نہیں

سچے بھی تم ہو عہد کے، میرا یقیں بھی ہے
پھر کیا سبب ہے دل کو تسلّی ذرا نہیں

تجھ کو بٹھا کے پاس، سُنا میرا حالِ زار
قاصد ! ترا کلام مرے دلنشیں نہیں

تصور میں ہیں پہروں اُن سے باتیں
شکایت کا مزا ہے اور میں ہوں

تمہاری خُو ہے رنجش ہر گھڑی کی
یہ جھگڑا روز کا ہے اور میں ہوں

وہ ہے اور عہد نامے ہیں عدو سے
نصیبوں کا لکھا ہے اور میں ہوں

غمِ دُوری قیامت ہے کہ ہر دم
اَجل کا سامنا ہے اور میں ہوں

اب تو ظاہر کوئی ملنے کا نہیں طور نظام
آپ جا بھی نہ سکوں ان کو بُلا بھی نہ سکوں

یہ بے خودی تو نشے میں دیکھی نہ تھی کبھی
عکسِ نگاہِ ساقی پڑا ہے شراب میں

آنکھیں چرا چرا کے اِدھر دیکھنا غضب
لاکھوں لگاوٹیں ہیں ترے اِک حجاب میں

کچھ لطفِ زندگی نہ ملا ہم کو تو نظام
ہجراں نصیب ہم ہوئے عینِ شباب میں

تیرے کہنے کو خوب سمجھا میں
کیسے سمجھاؤں ناصحا دل کو

انداز اپنا دیکھتے ہیں آئینے میں وہ
اور یہ بھی دیکھتے ہیں کوئی دیکھتا نہ ہو

تا صبح انتظار عبث ہی رہا مجھے
شاید یونہی ہو آپ نے وعدہ کیا نہ ہو

یوں لکھتے وہ مجھے کبھی ایسا نصیب تھا
قاصد ! یہ میرے نام پہ خط غیر کا نہ ہو

انگڑائی بھی وہ لینے نہ پائے اُٹھا کے ہاتھ
دیکھا جو مجھ کو چھوڑ دیئے مسکرا کے ہاتھ

بے ساختہ نگاہیں جو آپس میں مِل گئیں
کیا منہ پہ اس نے رکھ لئے آنکھیں چُرا کے ہاتھ

گر دِل کو بس میں پائیں تو ناصح تری سُنیں
اپنی تو مرگ و زیست ہے اس بے وفا کے ہاتھ

دینا وہ اُس کا ساغرِ مے یاد ہے نظامؔ
منہ پھیر کر اُدھر کو اِدھر کو بڑھا کے ہاتھ

پرسش بھی یونہی چاہیے تھی مجھ مریض کی
رنج اور دے چلے مجھے دشمن کو لا کے ساتھ

کس کا ہے انتظار، کہاں دھیان ہے لگا
کیوں چونک جاتے ہو آوازِ پا کے ساتھ

ہمدم نہ کہہ وہ بات جو دل کو بُری لگے
اُس بے وفا سے گو مری رنجش ہزار ہے

آتے جو قبر پر بھی تو دشمن کو ساتھ لاتے
مرنے کے بعد بھی مری مٹّی خراب کی

مجھ کو یقیں اب آپ کی باتوں کا آ چکا
تسکین ہو چکی دلِ خانہ خراب کی

ہم بادہ کش ہیں ہوش ہے کس بات کا ہمیں
زاہد تجھے پڑی ہے ثواب و عذاب کی

کیا مِل بھی جاتے ہیں کبھی جو ہوتے ہیں جُدا
افسانہ گو! یہ سچ ہے کہ باتیں ہیں خواب کی

تنہا نہ اس کی چاہ نے رُسوا کیا مجھے
اپنی بھی آہ آہ نے رُسوا کیا مجھے

منہ سے نکل گیا مرے اِک شعر حسبِ حال
صاحب کی واہ واہ نے رُسوا کیا مجھے

گردش ہمیں وطن میں ہے، ایذا سفر میں ہے
آرام ہے جو کچھ تو اِسی رہ گزر میں ہے

نہ گو نج بالی کی رخسارِ سیم بر میں چبھے
الٰہی یہ مرے دل میں چبھے جگر میں چبھے

زبانی میری ، میرا حال پھر تم کیوں نہیں سُنتے
جب آنکھیں چار ہوتی ہیں مُروّت آ ہی جاتی ہے

بُتوں کے عشق سے توبہ تو کی ہے پر نظام اب بھی
جو صورت اچھی ہوتی ہے طبیعت آ ہی جاتی ہے

شیخ امداد علی بحر

نام شیخ امداد علی، تخلص بحرؔ۔ ولادت ۱۲۲۵ھ مطابق ۱۸۱۰ء کے لگ بھگ۔ وفات ۱۲۹۵ھ مطابق ۱۸۷۸ء۔

بحرؔ کا خاندان فیض آباد کا رہنے والا تھا۔ وہیں پیدا ہوئے۔ والد کا نام شیخ امام بخش تھا۔

جب فیض آباد میں سیاسی حالات خراب ہوئے تو اپنے والدین کے ساتھ تلاشِ معاش میں لکھنؤ پہنچے اور نواب تسین علی خاں اخترؔ کی ملازمت اختیار کی۔

بحرؔ شیخ امام بخش ناسخؔ کے شاگرد تھے جو اتفاق سے ان کے والد کے ہم نام بھی تھے۔ اسی زمانہ میں شیخ ناسخؔ مالی پریشانیوں کے سبب کبھی کانپور اور کبھی الہ آباد جا کر رہے۔ اس لیے بحرؔ کو ناسخؔ سے زیادہ کسبِ فیض کا موقع نہیں ملا۔ لیکن ان کی شاگردی پر ہمیشہ فخر کیا۔ معاش کی خاطر بحرؔ فیض آباد سے آ کر لکھنؤ میں بس گئے تھے۔ لیکن یہاں بھی فارغ البالی نصیب نہ ہوئی۔ آخر عمر میں لکھنؤ چھوڑ کر رامپور چلے گئے۔ نواب رامپور نے ان کی قدر دانی کی، اور چند سال انہوں نے آرام سے بسر کیے۔ لیکن پھر لکھنؤ واپس آ گئے اور وہیں ان کا انتقال ہوا۔

بحرؔ نے اردو کی تقریباً تمام مروجہ اصنافِ سخن میں شاعری کی ہے۔ فنِ عروض میں ان کے کمال کا اعتراف تذکرہ نگاروں نے کیا ہے۔ عروض کے ضابطوں کی پابندی

نے ان کے شعر کی کیفیت کو پامال بھی کیا ہے۔ لیکن کثرتِ مشق کے سبب ان کے اشعار صاف اور رواں ہیں۔ تمام تر مشاقی کے باوجود ان کی شاعری کو مقبولیت حاصل نہیں ہو سکی۔ ناقدریٔ زمانہ اور مفلسی دونوں نے ان کی صحت کو متاثر کیا۔ رعشہ ہو گیا تھا۔ یہاں تک کہ آخر میں وہ مشاعروں میں شعر پڑھنے سے بھی معذور ہو گئے تھے۔ حالات نے مزاج میں تلخی پیدا کر دی تھی۔ غالباً یہی اسباب ان کی شہرت میں کمی کے تھے۔

لکھنؤ میں چھوٹی شہزادی دخترِ امجد علی شاہ کے یہاں سے کچھ وظیفہ ملتا تھا جس سے گزارا ہوتا تھا۔ افیون کا شوق تھا اور یہ شوق اس زمانے میں شرفا کی محفلوں میں عام تھا۔ تذکروں میں ان کے کئی شاگردوں کے نام ملتے ہیں۔

یہ انتخاب "ریاض البحر" مطبوعہ ۱۲۵۲ھ مطبع محمد خاں مصطفیٰ سے کیا گیا ہے۔

حالاتِ زندگی سہ ماہی "اردو" (شمارہ نمبر ۴ ۱۹۸۳ء) انجمن ترقی اردو کراچی سے حاصل کیے گئے۔

انتخابِ کلام

بُتوں! خُدا پہ نہ رکھو معاملہ دل کا
بُرا بھلا یہیں ہو جائے فیصلہ دل کا

سنوں تمھاری کہ اپنی کہوں حقیقتِ حال
تمھیں ہے میری شکایت مجھے گلہ دل کا

بھٹک کے کوئی گیا دیر کو، کوئی کعبہ
عجیب بھول بھلیّاں ہے مرحلہ دل کا

کسی کے زُلف نے برہم کیے جو ہوش و حواس
لُٹا ہے شام کے رستے میں قافلہ دل کا

شب کو جو روئے یار سے آنچل سرک گیا
اک نُور چاندنی کی طرح سے چھٹک گیا

اس گل بدن کی بو تے بدن کچھ نہ پوچھیے
بندِ قبا جو کھول دیئے گھر مہک گیا

واعظ ہمارے آگے مذمت شراب کی
کیا خوب نشہ ہم نے کیا تو بہک گیا

تم پر نثار ہوں گے نہ کرتے تھے عرض ہم
اب تو تمہیں یقین ہوا اب تو شک گیا

پھوٹ نکلی نہ رکی سینے کے اندر خوشبو
مشک تھا داغِ محبت کہ چھپایا نہ گیا

جب کیا قصد کہ احسان کسی کا لوں میں
آبرو گھٹنے لگی ہاتھ بڑھایا نہ گیا

آمدِ یار کی کیا کیا نہ سنی گرم خبر
عمر بھر راستہ دیکھا کوئی آیا نہ گیا

اس کے کوچے سے ضعیفی میں بھی اُٹھے نہ قدم
سر پہ دھوپ آگئی دیوار کا سایا نہ گیا

ہم ناقصوں کے دَور میں کامل ہوئے تو کیا
اُجڑے ہوئے علاقے کے عامل ہوئے تو کیا

اُس کی صفت یہی ہے کہ بے مانگے دے مرَاد
درگاہ میں کریم کے سائل ہوئے تو کیا

صورت احباب کی آنکھوں کے تلے پھرنے لگی
آگیا مُنہ کو کلیجا جو وطن یاد آیا

قدِ آدم کوئی شعلہ جو بھڑک کر اُٹھا
اُس پری زاد کا بے ساختہ پن یاد آیا

یہ کہہ دو کوچۂ جاناں کے جانے والوں سے
اُدھر جو کوئی گیا پھر اِدھر نہیں آتا

بشر کو چاہیے انجامِ کار کی کچھ فکر
جہاں میں کوئی بارِ دگر نہیں آتا

یہ سچ ہے وفادار کوئی نہیں ہے
کسی دن مجھے آزمایا تو ہوتا

تسلی نہ دیتا، تشفی نہ کرتا
مرے رونے پر مسکرایا تو ہوتا

کچھ تأسف نہیں اِس کا نہ بر آئی امید
حیف یہ ہے کہ دعا مانگ کے سائل ٹھہرا

کرتے ہیں دوستوں ہی سے شکوہ خفا نہ ہو
کلمہ کوئی زبان پہ آیا تو کیا ہوا

تسکین دے رہا ہوں دلِ بے قرار کو
کل آئے گا وہ، آج نہ آیا تو کیا ہوا

آدمی گردشِ ایام سے غافل نہ رہے
شام کیسا ہوگا خدا جانے سحر کیا ہوگا

منحرف کیوں رُخِ محبوب سے ہے اے واعظ
تو مسلمان ہوا قائلِ قرآں نہ ہوا

دل ہمارا بے وفا سے آشنا کیوں کر ہوا
دل دُکھانے والا اپنا دل رُبا کیوں کر ہوا

رازِ دل سے آشنا اب تک نہیں اپنی زباں
اپنی رسوائی کا چرچا جا بجا کیوں کر ہوا

ہے اس کی چشمِ عنایت گناہ گاروں پر
جو ایک اشک بہا عفو کو بہانہ ہوا

یہ رازِ عشق ہے دل میں رہے تو بہتر ہے
اِدھر زبان سے نکلا اُدھر فسانہ ہوا

روئے کوئی غریب تو ہنسنا نہ چاہیے
واقف نہیں کسی کی فغاں کے اثر سے آپ

افلاس سے ہے بابِ ملاقات مقفل
مہماں بھی آتا نہیں نادار سمجھ کر

پھر روزِ حشر کا مجھے اندیشہ کچھ نہیں
جیتا رہا اگر شبِ ہجراں کو دیکھ کر

میرِ نو کے مصرعے پہ مصرعہ لگاؤں
میں اتنی طبیعت رسا چاہتا ہوں

ہم زخمِ جگر نہیں دکھاتے
آنکھیں نہ چراؤ خوش نگاہو!

سیکھو یہ طریقِ آدمیت
جو چال چلو اسے نباہو

کاردانی پہ نہیں دولت دنیا موقوف
بخت انسان کے اچھے ہوں ہُنر ہو کہ نہ ہو

کارِ امروز بفردا مگزار اے ناداں
روح کا پھر تنِ خاکی میں گزر ہو کہ نہ ہو

جی جلتا ہے آہ کے جھونکو
شمعِ محبّت کو گل کر دو

قطرہ فشانی کیا اے آنکھو!
ایسے برسو جل تھل بھر دو

کبھی فرمایا: تو سنو میری
کون کہتا ہے تم جفا نہ کرو

غیر پر کیوں نگاہ کرتے ہو
مجھ کو اس تیر کا نشانہ کرو

دو گھڑی کے لئے ہم آئے ہیں
تلخ باتوں سے بے مزا نہ کرو

اُس کے بازارِ کرم کی جو سنی ہے تعریف
جنسِ عصیاں یہ گناہ گار لئے جاتا ہے

دم نکلتے ہوئے آنکھوں سے بہت دیکھا ہے
آدمی حسرتِ دیدار لئے جاتا ہے

جو بوئے گل کا قفس تک گزار ہوتا ہے
تو ایک تیر کلیجے کے پار ہوتا ہے

مآلِ کار کی غفلت شعار کو کیا فکر
میانِ خواب کسے اختیار ہوتا ہے

نہ کچھ دستگیری، نہ کچھ حال پرسی
کسی کو کسی کی خبر ہے تو کیا ہے

شوقِ دیدار جو منظورِ نظر اُس کا ہے
ہم جدھر دیکھتے ہیں جلوہ اُدھر اُس کا ہے

اِس سرا میں یہی سنتے ہیں، یہی دیکھتے ہیں
کل مقام اُس نے کیا، آج سفر اُس کا ہے

عاشقِ زار ہوں کیا اِس کے سوا اور کہوں
جس نے برباد کیا مجھ کو وہ آباد رہے

کس کو دیکھوں کہ چار سو ہے وہی
میری آنکھوں کے رُوبرو ہے وہی

اچھی صورت نظر نہیں آتی
دید بازی کی مجھ میں خو ہے وہی

وہ میرا حال دیکھے یہ نادیدہ امر ہے
وہ میرا دُکھ سُنے، سُخنِ ناشنیدہ ہے

کس پھول میں ہے بوئے وفا کس سے پوچھیے
کس باغ میں ہوائے محبت وزیدہ ہے

ہے نام کوئے دوست کا میدانِ امتحاں
پہنچا ہوا وہی ہے جو آفت رسیدہ ہے

دوستو! دردِ محبت کی دوا پند نہیں
لاکھ سمجھاؤ تسلی مجھے کب ہوتی ہے

تارے گنتے مری اوقات بسر ہوتی ہے
دیکھیے کب شبِ فرقت کی سحر ہوتی ہے

اپنے محسن کو سمجھتا ہوں میں صاحب اکسیر
وقت پر خاک کی چٹکی مجھے زر ہوتی ہے

ہر طرف لوگ تماشے کو کھڑے رہتے ہیں
ہم جو دیوانے ہوئے رونقِ بازار ہوئے

آنکھیں نہ جینے دیں گی تری بے وفا مجھے
ان کھڑکیوں سے جھانک رہی ہے قضا مجھے

شیخ محمد جان شاد لکھنوی

نام شیخ محمد جان تخلص شاد، وطن لکھنؤ تھا۔ والد کا نام وارث علی، جو نواب وزیر اودھ کی سرکار میں جنگی میں ملازم تھے۔ دادا کا نام فضل علی تھا۔

ولادت ۱۲۲۰ھ مطابق ۱۸۰۵ء کے لگ بھگ، وفات ۱۳۱۹ھ مطابق ۱۸۹۹ء۔

شاد فارسی میں مرزا علی اکبر شیرازی اور اُردو میں میر حسن عسکری عرف میر کلو عرش (فرزند میر تقی میر) کے شاگرد تھے۔

شاد کا تعلق ایک معزز خاندان سے تھا۔ اُس خاندان میں علم بھی تھا اور دولت بھی وہ تہذیب و شایستگی کا نمونہ تھے۔ لیکن اُن کے لیے حالاتِ غم بھی فراواں تھے۔ شادی نہیں کی اس لیے اولادت بھی محروم رہے۔ بیماری، ضعف، طول عمری اور اس کے علاوہ واجد علی شاہ کی گرفتاری، لکھنؤ کی ویرانی اور غدر کا ہنگامہ۔ انہوں نے یہ سب صدمے سہے۔ محلے مسمار ہوئے۔ دولت مند محتاج ہو گئے۔ البتہ ریاست محمود آباد سے ایک رقم اُن کے لیے بطورِ وظیفہ بغیر کوئی خدمت انجام دیئے مقرر ہو گئی تھی۔

ضعیفی میں جب رعشہ کی وجہ سے خود لکھنے سے معذور ہو گئے تو فکرِ سخن کے بعد غزل اپنے کسی شاگرد یا عزیز سے لکھوا لیتے تھے۔ آخر عمر میں کربلائے معلیٰ کی زیارت بھی کی۔ لکھنؤ میں ہی انتقال ہوا۔

جس زمانے میں شاد نے شاعری شروع کی وہ لکھنؤ میں ناسخ کے عروج کا زمانہ تھا۔

آتش سے اُن کی چشمک کا حال سب جانتے ہیں۔ میر تقی میرؔ کے فرزند میر حسن عسکری عرف میر کلو عرشؔ بھی آتشؔ کے حریف تھے۔ شادؔ نے جب اُن کی شاگردی اختیار کی تو انہوں نے شادؔ کو "پیروِ میرؔ" کا لقب عطا کیا۔ حالانکہ شادؔ کی شاعری میں پیرویِ میرؔ کم کم ہی نظر آتی ہے۔ شاعری میں میرؔ کا تڑپا دینے والا لہجہ شادؔ کے بس کی بات نہیں تھی۔ اُن کی پیروی میرؔ کو صرف میرؔ سے اُن کی عقیدت اور احترام کہا جا سکتا ہے۔ یا میرؔ سے ہم آوازی کی کوشش۔ اس کے برعکس ناسخؔ کا اندازِ بیان اُن کے یہاں بہت واضح ہے۔ لفظی صنعت گری، محاورہ بندی، مشکل قافیہ و ردیف، سنگلاخ زمینوں میں طبع آزمائی، خیال بندی، عروضی مہارت کا مظاہرہ۔ یہ سب ناسخؔ کی دین تھی، جو اُن کی شاعری میں موجود ہے۔

شادؔ بہرحال ایک قادر الکلام شاعر تھے۔ لفظوں کو برتنے میں اُستادانہ مہارت رکھتے تھے۔ اور اُس زمانے میں یہی طرزِ سخن لوگوں کو مرغوب تھا۔ شادؔ کا شمار اپنے زمانے کے نامور شعرا اور اساتذہ میں ہوتا تھا۔

شادؔ خالص مولوی تھے نہ پکے رند۔ ان کے دواوین میں کوئی واضح اشارہ ایسا نہیں ہے جس سے اُن کی طرزِ زندگی کا مکمل نقشہ سامنے آسکے۔

شادؔ ایک پُرگو شاعر تھے۔ ان کا ایک دیوان غدر کے زمانے میں ضائع ہو گیا تھا۔ رُباعیات، قطعات، مثنوی اور قصیدے، انہوں نے ہر صنفِ سخن میں طبع آزمائی کی ہے لیکن اُن کا بڑا سرمایہ غزلیں ہیں۔ قصائد میں ایک قصیدہ برجیس قدر بہادر کی مدح میں ہے جو غالباً ۱۸۵۷ء میں اودھ کی آزادی کے اعلان کے موقع پر پیش کیا گیا تھا۔ گمانِ غالب یہ ہے کہ اُن کے کلام کا زیادہ حصہ ضائع ہو گیا ہے۔ اُن کا فارسی کلام بھی نایاب ہے۔

شادؔ کا ایک دیوان ۱۸۰۳ء میں طبع ہوا تھا جس کا کوئی نسخہ موجود نہیں ہے۔ اس کے علاوہ تین دیوان انہوں نے اپنی یادگار چھوڑے ہیں۔

نمبر۱ "سخنِ بے مثل" نمبر۲ "سخنِ لا مثال" نمبر۳ "سخنِ بے مثال"۔ اس کے علاوہ ایک مثنوی "چار درویش"۔

یہ انتخاب "دیوانِ شاد لکھنوی، مرتبہ شیخ حامد حسن (مطبوعہ علمی پرنٹنگ پریس لاہور) سے کیا گیا ہے۔

انتخابِ کلام

اشک آنکھوں میں بھرے ہر دم رہا
آبدیدہ صورتِ شبنم رہا

دل وہ غم خانہ ہے جس میں عمر بھر
آرزوئے مُردہ کا ماتم رہا

عدم کوئی تو کوئی عیدگہہ روانہ ہوا
کہیں نمازِ جنازہ کہیں دوگانہ ہوا

شباب بھی ہے کوئی موجۂ نسیمِ نفس
کہ مثلِ دَم اِدھر آیا اُدھر روانہ ہوا

نبی بنا کوئی آدم، کوئی امام اے شادؔ
خُدا کے فضل سے یہ مُشتِ خاک کیا نہ ہوا

ہر حال میں شکستہ دلِ ناصبور تھا
شیشہ بھی تھا تو سنگِ حوادث سے چور تھا

یونہی جنبشِ نظر سے دو جہاں اُلٹ پلٹ ہے
جو ذرا نظر بدلتی عجب انقلاب ہوتا

مجھے شاد بخش دیتا وہ نہ کیوں بغیر پوچھے
میں کسی شمار میں تھا جو مرا حساب ہوتا

دردِ اُلفت ہے علاج اس کا قضا سے ہوگا
فائدہ کچھ نہ دعا سے نہ دوا سے ہوگا

دل کو زلفوں میں پھنسانے سے یہی ملا اے شاد
سامنا ہوگا بلاؤں سے، بلا سے ہوگا

بہا ہے پھوٹ کے آنکھوں سے آبلہ دل کا
تری کی راہ سے جاتا ہے قافلہ دل کا

چھٹے جیتے جی کیا گرفتارِ عشق
پھنسا اس میں جو عمر بھر کو گیا

اچھلتا ہے ہاتھوں خدا کے لئے
کلیجہ ہمارا سنبھالو، گیا

بد اعمالیوں پر جو رویا میں شادؔ
سیہ نامۂ صد گنہ دھو گیا

ہم وہ ہیں کشتۂ تمنا شادؔ
خواہشِ دل کو عمر بھر مارا

دمِ آخر بھی شکوہ کیا نہ کرتا
تمہیں بتلاؤ مرتا کیا نہ کرتا

قضا کا ڈر نہ ہوتا گر بشر کو
خدا جانے یہ بندہ کیا نہ کرتا

جو اے بُت تجھے جلوہ فرما نہ دیکھا
برابر ہے دنیا کو دیکھا نہ دیکھا

دمِ مرگ اچھا کیا تم نہ آئے
بھلے کو بُرا حال میرا نہ دیکھا

سدا دید بازی میں اے شاہؔ گزری
تماشا اِن آنکھوں نے کیا کیا نہ دیکھا

جا نہ اے قاتل سِسکتا چھوڑ کر
کچھ ابھی باقی ہے جاں تھوڑی بہت

قصۂ غم سب کسے معلوم ہے
یاد ہے یہ داستاں تھوڑی بہت

بے ثمر تھے تو بہرِ راحتِ خلق
شجرِ سایہ دار ہوتے کاش

ذرا بھی لگی ٹھیس دل چور ہو گا
یہ شیشہ نہیں چوٹ کھانے کے قابل

کرم کر کہ ہوں تیری رحمت پہ نازاں
یہ عاجز نہیں آزمانے کے قابل

زمیں کا نہ پیوند اے آسماں کر
یہ نقشے نہیں ہیں مٹانے کے قابل

الٰہی کر آباد ویرانۂ دل
یہ اجڑا نگر ہے بسانے کے قابل

گو کی ہے توبۂ مے دہ بادہ خوار ہیں ہم
جب میکشوں میں بیٹھے یاروں کے یار ہیں ہم

کنجِ قفس میں بھی یہ تمنا قید سے ہوں آزاد کہیں
خوف ہے اب بے بال و پری میں چھوڑ نہ دے صیاد کہیں

حسن کی خیر حسینوں کا بھلا
ہم فقیرانہ دعا کرتے ہیں

شادؔ پتھر کے جگر ہیں ان کے
ان بتوں سے جو وفا کرتے ہیں

جس چمن کے ہو تم گلِ شاداب
اسی گلشن کے خار ہم بھی ہیں

شعر گو اور ہیں جہاں میں شادؔ
میرؔ کے یادگار ہم بھی ہیں

نالے کرتے ہیں قفس آباد بولو کس طرح
اے اسیرانِ کہن تازہ گرفتاروں میں ہوں

نصیب رنج و فراقِ صنم کسی کو نہ ہو
یہ غم وہ ہے کہ الٰہی یہ غم کسی کو نہ ہو

شیشے کو چور کیجیو ساغر کو پھوڑ دیو
پیماں شکن کسی کا مگر دل نہ توڑیو

بحرِ کرم بھی شرم سے جس کے ہو آب آب
تر دامنو! وہ گوشۂ دامن نچوڑیو

بدگمانی جو ہوئی شمع سے پروانے کو
شمع نے سر پہ رکھی آگ قسم کھانے کو

مست و بے خود نہیں، دیوانہ ہشیار ہوں میں
اُس کو سمجھاؤ جو آئے مرے سمجھانے کو

اہلِ ایماں سیؔ نہ کافر سی کہو
اے بُتو! لیکن خدا لگتی کہو

ستم آیا تجھے اے چرخ جفا بھی آئی
کوئی بگڑی ہوئی تقدیر بنا بھی آئی

گر ماآلِ چمنستاں کی ہوا بھی آئی
روئی شبنم جو ہنسی گل کو ذرا بھی آئی

اک مگس کے واسطے، وہ آسماں کنجوس ہے
واژگوں مکڑی کو لٹکاتا یہ مکھی چوس ہے

خواہشیں مر گئیں سب، ہے دلِ مضطر خالی
یوں کسی کا نہ الٰہی ہو بھرا گھر خالی

بے گھر ہیں میاں لکھنؤ شاد
اُجڑے ہیں بسے ہوئے نگر کے

خونباریٔ چشمِ تر تو دم لے
گھر جائیو مینہ ذرا یہ تھم لے

جز خوابِ اجل کے اے شبِ ہجر
جھپکی بھی جو آنکھ ہو قسم لے

دلِ سوزاں چراغِ مفلس ہے
دیکھیے تا سحر رہے نہ رہے

وہ قامت قیامت اثر ہو گئی
کہ دُنیا اِدھر سے اُدھر ہو گئی

بُری دوُ سے گزری تو کچھ غم نہیں
مری تنلو سے اچھی بسر ہو گئی

گلوں سے عشق مانندِ عنادل ہم بھی رکھتے تھے
ہمیں بھی شوقِ گلشن تھا کبھی دل ہم بھی رکھتے تھے

ہوئے فائز وہ بھی جنسِ شہادت جن کی قسمت میں
وگرنہ سر تہہِ شمشیرِ قاتل ہم بھی رکھتے تھے

جہاں میں ہم مثالِ آمد و رفتِ ہوا ٹھہرے
جو آئے بھی تو کیا آئے جو ٹھہرے بھی تو کیا ٹھہرے

ہمارے جامۂ ہستی کی ہستی کیا ہے پیری میں
بہت ٹھہرے جو دو دن بھی یہ بوسیدہ قبا ٹھہرے

قسمت میں اگر اولاد نہیں اشعار سے میرا کام چلے
دنیا سے اٹھوں جب مہر صفت تاحشر جہاں میں نام چلے

کشش جذبِ دل رفتہ رفتہ کرے گا
محبّت کا ہوگا اثر ہوتے ہوتے

چراغِ شبِ ہجر ہیں جل بجھیں گے
گجبہ بجھتے بجھتے، سحر ہوتے ہوتے

جوانی سے زیادہ وقتِ پیری جوش ہوتا ہے
بھڑکتا ہے چراغِ صبح جب خاموش ہوتا ہے

مِلے یہ دستِ تاسف کہ ہم فقیروں کے
خطوط مٹ گئے سب ہاتھ کی لکیروں کے

مرے مضمون ہیں غیروں کے سخن میں
مری دولت نصیبِ دشمناں ہے

سُجودِ میکشاں ، مستی میں گرنا
صدائے قلقلِ مینا اذاں ہے

مجھی تک نام روشن ہے مرا شادؔ
مرے پر گُل چراغِ دُودماں ہے

بُتوں کو برہمن پوجیں زہے تقدیر پتھر کی
بنا کر آدمِ خاکی مری توقیر پتھر کی

نہ تڑپنے کی اجازت ہے نہ فریاد کی ہے
گھٹ کے مر جاؤں یہ مرضی مرے صیاد کی ہے

میر مہدی مجروحؔ

نام میر مہدی حسین تخلص مجروحؔ۔ سادات کے عالی خاندان سے تعلق رکھتے تھے۔ ان کے آباؤ اجداد ایران سے اس وقت ہندوستان آئے جب مغلیہ سلطنت اپنے زوال کے قریب تھی۔ اپنی علمیت اور قابلیت کے باعث ان کی رسائی دربارِ شاہی تک ہوئی۔

پیدائش ۱۲۶۱ھ مطابق ۱۸۴۵ء کے لگ بھگ۔ وفات ۱۳۲۱ھ مطابق ۱۹۰۳ء۔ مجروح کے والد میر حسین فگار کے دادا یا نانا اس خاندان کے پہلے فرد تھے جن کا نام ان کی شاعری کی بدولت اُردو شعراء کے تذکروں میں ملتا ہے۔ وہ شاہ عالم بادشاہ کے درباری شاعر تھے اور فقیر تخلص کرتے تھے۔ میر فقیر اللہ فقیر کے بعد مجروحؔ کے والد میر حسین فگار دہلوی کا نام اور کلام بھی تذکروں میں موجود ہے۔ کہا جاتا ہے۔ میر حسین فگار کے بھائی میر حسن فارسی نثر میں یدطولیٰ رکھتے تھے۔ مجروحؔ کے چھوٹے بھائی میر سرفراز حسین خطوطِ غالبؔ کی وجہ سے مشہور ہیں۔ غالبؔ کو مجروحؔ کی طرح ان سے بھی بہت تعلقِ خاطر تھا، اور وہ ان کو "مجتہد العصر" لکھتے تھے۔ وہ عربی اور فارسی کے مستند عالم مانے جاتے تھے۔

مجروحؔ دہلی میں پیدا ہوئے۔ ان کا آبائی مکان دہلی کے مشہور اور گنجان آباد محلے اردو بازار میں واقع تھا، جو قلعہ معلّیٰ اور جامع مسجد کے درمیان تھا۔ مجروحؔ خوش رو

اور خوش خو انسان تھے۔ لباس شیفتہ دلی والوں کا پہنتے تھے۔ پنج گوشیہ ٹوپی، نیچی چولی کا انگرکھا اس کے نیچے گلشن کا کرتا۔ ہر وقت عطر میں تر بتر رہتے تھے اور یہی وضع مرتے دم تک نبھا گئے۔ ابتدائی تعلیم گھر میں حاصل کی۔ سارا خاندان علم و فضل کی دولت سے مالامال تھا۔ شاعری ورثے میں ملی تھی۔ کم عمری سے ہی مشقِ سخن شروع کی اور صحبت بھی ان بزرگوں کی نصیب ہوئی جو منتخبِ روزگار اور فنِ شعر و شاعری میں شہرۂ آفاق تھے۔ غالب، ذوق، مومن، شیفتہ، تفتہ اور دوسرے بزرگ۔

مجروح فکرِ معاش سے آزاد تھے اور شاعری ہی ان کا مشغلہ تھا۔ قیاس کیا جاتا ہے کہ مجروح جب غالب کے حلقۂ شاگردی میں داخل ہوئے اس وقت ان کی عمر پندرہ، سولہ سال کے قریب تھی۔ غالب سے ان کو بہت قرب حاصل رہا ہے۔

۱۸۵۷ء تک یہ محفل جمی رہی اور دہلی کی رونقیں قائم رہیں۔ غدر کے بعد اس مرقع کا شیرازہ درہم برہم ہو گیا۔ غدر نے مجروح کو مکانی طور پر غالب سے دور کر دیا لیکن خطوطِ غالب گواہ ہیں کہ محبت اور شفقت کا جو رشتہ ان دونوں کے درمیان تھا وہ آخر تک برقرار رہا۔ یہ بھی غالب ہی کا فیضان تھا کہ اس زمانے کے کئی شعراء نے نثر کی طرف خصوصی توجہ دی اور غالب کی پیروی کو اپنے لئے باعثِ فخر جانا۔ ان لوگوں میں مجروح سرِ فہرست ہیں۔

۱۸۵۷ء تک مجروح دہلی میں مشقِ شعر و سخن میں مصروف رہے تاہم انہیں دہلی چھوڑ کر پانی پت جانا پڑا۔ جہاں انہوں نے پانچ سال کا عرصہ بسر کیا۔ لیکن دہلی کی تباہی اور دہلی سے جدائی کا غم ان کے ساتھ رہا۔ پانچ سال بعد جب مجروح دہلی واپس آئے تو وہاں کا نقشہ ہی بدل چکا تھا، دوست احباب میں کوئی کہیں تھا کوئی کہیں اور سب سے بڑی پریشانی یہ کہ روزگار کا کوئی سہارا نہ تھا۔ چنانچہ حصولِ ملازمت کے سلسلے میں انہیں ریاست الور جانا پڑا۔ لیکن کچھ عرصے بعد وہ جے پور چلے گئے اور

والیِ جے پور کی قدردانی کے سبب ایک عرصے تک وہاں بافراغت زندگی بسر کرتے رہے۔ راجا کے انتقال کے بعد دہلی واپس آ گئے اور کسی نہ کسی طرح گزر بسر کرتے رہے۔ آخر نواب حامد علی خاں والیِ رامپور نے ان کی مدد کی۔ اس طرح ان کی زندگی کے آخری ایام آرام سے کٹ گئے۔ آخر عمر میں کربلائے معلٰی اور نجف اشرف کی زیارت بھی کی۔ دہلی میں انتقال ہوا۔ وفات سے پہلے چند بار "اغفرلی" کہا۔ اسی لفظ سے ان کی تاریخ وفات نکلتی ہے۔

جہاں تک مجروح کی تصانیف کا تعلق ہے۔ ان میں سے بعض کو ابھی تک چھپنا نصیب نہیں ہوا۔ اور جو چھپ گئی تھیں وہ بھی نایاب ہیں۔ ان کی تصانیف درج ذیل ہیں۔

نمبر۱۔ مظہرِ معانی معروف بہ دیوانِ مجروح (یہی ان کی متاعِ خاص ہے)۔

نمبر۲۔ انوار الاعجاز

نمبر۳۔ مجموعۂ سلام

نمبر۴۔ ہدیۃ الائمہ

نمبر۵۔ مثنوی (اس کا نام نہیں معلوم)

نمبر۶۔ تاریخ گنج غرائب (چھوٹی چھوٹی کہانیوں اور حکایتوں کا مجموعہ

نمبر۷۔ تذکرۂ جسم راز (شعرا کا تذکرہ)

نمبر۸۔ آیاتِ جلی فی شانِ مولا علی

اس کے علاوہ وہ خطوط ہیں جو انہوں نے غالب کو لکھے۔ انہوں نے حمد نعت اور منقبت بھی لکھی۔ لیکن بنیادی طور پر وہ غزل کے شاعر ہیں۔ ان کی غزلوں میں سادگی اور صفائی ہے۔ کہیں کہیں داغ کا انداز ملتا ہے۔

یہ انتخاب مظہرِ معانی دیوانِ مجروح مرتبہ ریاض احمد (مطبوعہ ۱۹۷۸، مجلس ترقی ادب لاہور) سے کیا گیا ہے۔

انتخابِ کلام

سخت مضطر دلِ ہنگامہ طلب ہے یارب
آج ہی کیوں نہ وہ ہو جائے جو فردا ہوگا

شوق کہتا ہے اسے دیکھ تو لو ہمرۂ غیر
رشک کہتا ہے مجھے کب یہ گوارا ہوگا

نہ تو دنیا ہی میسر ہے نہ دیں کے اسباب
ہائے مجبورِ تو حہ کہاں تیرا ٹھکانا ہوگا

موسیٰ نہ غش میں آئیو اِک بار دیکھنا
آساں نہیں ہے یار کا دیدار دیکھنا

محفل طرازیاں وہ کہاں، اب تو کام ہے
گھر میں پڑے ہوئے، درو دیوار دیکھنا

کیا قتل کرنے میں یہی انصاف شرط ہے
بے جرم دیکھنا نہ گنہ گار دیکھنا

میں ہوں جو بے قرار تو معذور جانیے
آساں نہیں ہے دل کا گرفتار دیکھنا

آنا ترا یہاں نہ مروّت سے دُور تھا
ذرّے کو آفتاب بنانا ضرور تھا

مجروح حالِ بد کو چھپاتا رہا سدا
مُفلس ضرور تھا پہ نہایت غیور تھا

غیروں کو بھلا سمجھے اور مجھ کو بُرا جانا
سمجھے بھی تو کیا سمجھے، جانا بھی تو کیا جانا

کچھ عرضِ تمنّا میں شکوہ نہ ستم کا تھا
میں نے تو کہا کیا تھا، اور آپ نے کیا جانا

مجروحؔ ہوئے مائل کس آفتِ دوراں پر
اے حضرتِ من! تم نے دل بھی نہ لگا جانا

مرا خط دیکھ کے قاصد سے پوچھا
مری فرقت میں وہ جیتا رہا کیا؟

اس سے ملنے کے کچھ نہیں اسباب
وہ تغافل شعار و میں بے تاب

غالبؔ آئے ہیں لاؤ اے مجروحؔ
بادۂ ناب میں ملا کے گلاب

عشق جو کرتے ہیں پتھر کے جگر ہیں اُن کے
ایسا آساں تو نہیں دل کا لگانا صاحب

سب بُھلایا ہے ضعفِ پیری نے
یاد آتا ہے پر شباب بہت

ڈرو اے شیخ رندِ بے ادب سے
ذرا چھوڑو یہ سمجھانے کی عادت

ہے جہاں اجتماعِ شاہ و گدا
وہ مُغاں ہی کا آستاں ہے آج

شورِ نالہ سے حشر ہے برپا
کل جو ہو گا وہاں، یہاں ہے آج

چین دیتی نہیں خلش غم کی
دل میں کھٹکے ہے کچھ سناں کی طرح

بے سبب کوندتی نہیں بجلی
ہم نے ڈالی ہے آشیاں کی طرح

جو چلا تیرِ ستم، دل سے وہ گزرا اے چرخ
تیرا خالی نہ گیا کوئی نشانہ ہرگز

ذکرِ بربادیٔ دہلی کا سنا کر ہمدم
نیشترِ زخمِ کہن پر نہ لگانا ہرگز

رہی یارانِ گزشتہ کی کہانی باقی
یہ تو بھولا ہے نہ بھولے گا فسانہ ہرگز

جمع ہے مجمعِ احباب فضا میں تیری
اے تصور یہ مرقع نہ مٹانا ہرگز

دل میں ہیں حسرت و اندوہ کے انبار لگے
اتنا یک جا نہ کہیں ہوگا خزانہ ہرگز

ساقیٔ بزم تری طرزِ تغافل کے نثار
دُردِ مے کا بھی اِدھر جام نہ لانا ہرگز

وہ گئے دن جو چمن زار میں دل لگتا تھا
سچ ہے یکساں نہیں رہتا ہے زمانہ ہرگز

میں اور اس کی رُکھائیاں دیکھوں
کیا کروں دل نے کر دیا بے بس

کہاں گھر میں مُفلس کے فرش و فروش
وہ آئے تو آنکھیں بچھائیں گے ہم

عَبث ہے یہ مجروح طولِ امل
بکھیڑے یہ سب چھوڑ جائیں گے ہم

بات میں دل کو کھینچ لیتے ہو
کس قیامت کے خوش بیاں ہو تم

ہے سوال اور، اور جواب ہے اور
سچ کہو اس گھڑی کہاں ہو تم

دل ہے شوقِ گناہ سے لبریز
دیکھنے ہی کا پارسا ہوں میں

مجھ سا ہوگا نہ سخت جاں کوئی
کہ شبِ ہجر میں جیا ہوں میں

شارحِ حالِ دل سمجھ مجھ کو
درد ہی درد ہو گیا ہوں میں

گرد دیتی ہے کارواں کا پتہ
یادگارِ گزشتگاں ہوں میں

دل کی بے چینیاں گئیں نہ کہیں
اک خلش سی رہی کہیں نہ کہیں

کیا حالِ دل اُس شوخ ستمگر سے کہا جائے
جو جنبشِ لب دیکھتے ہی بات کو پا جائے

کر کے برباد اسے، کس کو بسائے گا فلک
کیا کوئی اور بھی ہے شہر بسانِ دہلی

یا خدا حضرت غالب کو سلامت رکھنا
اب اسی نام سے باقی ہے نشانِ دہلی

اُن آنکھوں نے ایسا چھکایا مجھے
کہ کچھ ہوش اپنا نہ آیا مجھے

نہیں بخل کچھ مبدعِ فیض میں
توجہ کے قابل نہ پایا مجھے

آؤ اے درد و رنجِ ہجر یہاں
پوچھنا کیا فقیر کا گھر ہے

درِ میخانہ ہے اک مبدعِ فیض
نکل آئے ہیں کچھ کامل یہیں سے

ہم بھی آئینہ کریں گے دل کو
خود نمائی تری عادت ہی سہی

ہر مکاں میں کوئی ہوتا ہے مکیں
میرے غم خانے میں وحشت ہی سہی

کیا ہے شوقِ منزل نے یہ بے تاب
بڑھا جاتا ہوں کوسوں کارواں سے

مری ٹوٹی ہوئی توبہ کے ٹکڑے
کوئی لا دے درِ پیرِ مغاں سے

کہ اس کو جوڑ کر میں توڑ ڈالوں
پھر اک جامِ شرابِ ارغواں سے

میں اس بے مائگی سے خوش ہوں مجروحؔ
کہ فارغ ہو گیا سود و زیاں سے

اس کے کوچے میں رہے یا پسِ دیوار رہے
کیا رہے خاطرِ جاناں پہ اگر بار رہے

ہم نے تو یہ بھی نہ جانا کہ چمن ہے کیا چیز
اپنے ہی حال میں کچھ ایسے گرفتار رہے

رازِ الفت چھپا رہے دل میں
لطف کیا ہے جو دوسرا جانے

عشق کو ضبط وہ کرے تو کرے
آگ کو خس میں جو چھپا جانے

فرشِ گُل پر جو خوابِ ناز میں ہو
میری بے چینیاں وہ کیا جانے

کبھی آنکھ چھپتی نہیں پیار کی
خموشی ہے یاں طرزِ اظہار کی

گئے ہم صفیرانِ رنگیں نوا
ہوس اب کسے سیرِ گلزار کی

عجزِ عرضِ حال گو کوئی چارہ نہیں مجھے
پر اس کے آگے بات کا یارا نہیں مجھے

اک صبر اپنا مونسِ تنہائی تھا سو آہ
مدت ہوئی کہ وہ بھی سہارا نہیں مجھے

آرام اپنے گوشۂ عزلت میں خوب ہے
پروائے قصرِ قیصر و دارا نہیں مجھے

مستی میں رازِ کون و مکاں برملا کہوں
پر کیا کروں مغاں کا اشارا نہیں مجھے

میاں داد خاں سیاحؔ

نام میاں داد خاں، تخلص سیاحؔ۔ ان کا اصل وطن اورنگ آباد تھا۔ ان کے والد عبداللہ خاں اورنگ آباد کے باعزت آسودہ حال لوگوں میں تھے۔ سیاحؔ کے سن شعور کو پہنچتے پہنچتے ان کا خاندان گردشِ روزگار کے چکر میں پھنس گیا اور اس خاندان نے اپنا وطن چھوڑ کر سورت میں سکونت اختیار کی۔

ولادت ۱۲۴۵ھ مطابق ۱۸۲۹ء۔ وفات ۱۳۲۵ھ مطابق ۱۹۰۷ء

سورت میں سیاحؔ نواب میر غلام بابا خاں رئیس سے مصاحبین میں شامل ہوئے۔ سیاحؔ کا سب سے بڑا شرف یہ ہے کہ ان کا شمار غالبؔ کے شاگردوں اور دوستوں میں ہوتا ہے۔ مرزا غالبؔ سے ملاقات اور مشورۂ سخن کے لیے دہلی اکثر جاتے تھے۔ سیاحت کے بہت شوقین تھے۔ ابتدا میں عشاق تخلص کرتے تھے۔ بعد میں ان کے شوقِ سفر کی مناسبت سے غالبؔ نے تخلص سیاحؔ رکھا۔

سیاحؔ نے پنجاب، بنگال، کشمیر وغیرہ کے علاوہ عرب اور عجم کی سیر بھی کی تھی۔ سفر بہت اہتمام سے کرتے اور روپیہ بے دریغ خرچ کرتے تھے۔ کسبِ کمال کا ذوق تھا۔ اور ان کے دوستوں میں اس زمانے کے صاحبِ علم و فضل لوگ شامل تھے۔ جس شہر میں جاتے خود مصرع طرح دے کر مشاعرے منعقد کرواتے۔ شعر پڑھنے کا انداز بہت اچھا تھا۔ جس مشاعرے میں جاتے اپنا رنگ جما لیتے۔

فارسی میں کمال حاصل تھا۔ مضمون آفرینی کا سلیقہ تھا اور محاوروں کو برجستگی سے استعمال کرتے تھے۔

سیاح کے سیر و سفر اور اخراجات کی وجہ سے بعض لوگ ان کو سرکاری جاسوس سمجھتے تھے۔ لیکن ۱۸۸۰ء میں یہ راز کھلا۔ ان کے اوپر مقدمہ قلب سازی قائم ہوا اور گرفتار ہو کر سزایاب ہوئے۔ عرصہ دراز تک سیاح نوٹ بناتے اور سیر و سفر میں خرچ کرتے رہے تھے۔ ایک اسٹیشن پر انہوں نے ٹکٹ کے لیے سَو روپے کا نوٹ بھنایا۔ ان کی بدقسمتی سے فوراً ہی دوسرا مسافر بھی اسی نمبر کا سَو کا نوٹ لے کر ٹکٹ خریدنے آگیا۔ تفتیش کے بعد ان پر مقدمہ چلایا گیا۔ اور اقبالِ جرم کے بعد چودہ سال کی سزائے قید ہوگئی۔ خوش قسمتی سے جیلر ان کے علم و فضل کا قدر دان تھا۔ چنانچہ قید خانے میں ممکنہ مراعات حاصل ہو گئیں۔ اسی دوران میں ملکہ وکٹوریہ کی سلور جوبلی کا موقع آیا تو سیاح نے مدحیہ قصیدہ جیلر کے توسط سے اجازت نامہ حاصل کر کے ملکہ کو بھجوا دیا جس کے صلے میں کئی سال کی تخفیف اسیری کی مدت میں ہوگئی۔ رہائی کے بعد سیاح نے سیاحت ترک کر دی اور بقیہ زندگی سورت میں بسر کی۔ سیاح کی زندگی کے آخری چند سال بہت سخت گزرے۔ کوئی ذریعہ آمدنی نہیں تھا۔ یہ زمانہ لوگوں کی دست گیری سے بسر ہوا۔

کہتے ہیں بہت حسین تھے اور بڑھاپے میں بھی چہرے کی رونق کو زوال نہیں آیا تھا۔ نہایت نرم گفتار تھے۔ سیاح کی وضع داری اور نفاست شہر میں ضرب المثل تھی۔

مرزا غالب کے فیض سے سیاح ایک اچھے اور پُر گو شاعر تھے۔ فارسی اور اُردو دونوں میں شعر کہتے تھے۔ سیاح نے مشکل زمینوں میں بھی شگفتہ اشعار کہے۔ ان کے یہاں جذبے کا اظہار کم ہے۔ البتہ ان کی قدرتِ کلام اور مضمون آفرینی میں کوئی شبہ نہیں ہے۔ آخر عمر تک مشقِ سخن جاری رہی۔ لیکن جو شہرت ملنا چاہیے تھی وہ نہیں ملی۔

ہر شہر میں مشاعرے ہوتے محفلیں آراستہ کرتے۔ اس تمام اہتمام ناموری کے باوجود سیاح کا دیوان اہلِ علم تک نہیں پہنچا۔ نہ رسائل و اخبارات میں ان کی آواز سنائی دی۔ ان کے نام کو صرف غالب کے خطوط کے حوالے سے پہچانا گیا۔

مرتبہ مجموعہ غزلیات سیاح کے آخری زمانے کا ہے۔ کہتے ہیں کہ سیاح کا ایک دیوان کسی میر صاحب کی بکری کھا گئی۔

سیاح کی ایک تصنیف "سیرِ سیاح" ہے۔ یہ ان کا شمالی ہند کا سفر نامہ ہے۔ اس کے علاوہ بھی کئی تصانیف ان سے منسوب ہیں۔

یہ انتخاب "میاں داد خاں سیاح اور ان کا کلام" مرتبہ ڈاکٹر سید ظہیر الدین مدنی ۔ مطبوعہ ۱۹۵۰ء سے کیا گیا ہے۔

انتخابِ کلام

ریاضِ دہر میں سرسبز جو نہال ہوا
خزاں کے ہاتھ سے اک روز پائمال ہوا

بندھا خیال جو محفل میں چشمِ وحشی کا
ہر ایک ساغرِ مے دیدۂ غزال ہوا

جہاں کی سیر تو کی تُو نے لیکن اے نخسۂ حُسن
کبھی فقیر کے تکیے پہ تُو نہ آ نکلا

افسانۂ فراق سنو تو بیاں کروں
گر شوق ہے کمال تمہیں داستان کا

در سے نہ یوں اُٹھاؤ اسے پھر نہ آئے گا
سیّاح آدمی ہے بڑی آن تان کا

آتشِ نالۂ بلبل یہ چمن میں بھڑکی
نہ بچا نام کو صیاد کے گھر میں تنکا

خارِ مژگاں کو نظر بھر کے نہ دیکھا میں نے
پڑ گیا اڑ کے مرے دیدۂ تر میں تنکا

سن کے آمد تری آنکھوں سے اٹھا لیتے ہیں
دیکھتے ہیں جو پڑا راہ گزر میں تنکا

کھولنا تھا کسی عاشق کا صنم عقدۂ دل
لطف کیا طرۂ گیسو جو سنوارا اپنا

اٹھ گیا پہلو سے وہ ماہِ لقا آخر شب
دشمنِ جان ہوا صبح کا تارا اپنا

ہے تلمذ اسد اللہ سے ہم کو سیاح
شاعروں میں نہ ہو کیوں فخر مدارا اپنا

رنگت ہے زرد، خشک ہیں لب اور چشم تر
تم بھی کسی کو کرنے لگے ہو پیار کیا

کہتا ہے تو یہ سب مری تسکین کے لئے
قاصد زبانی بات کا ہوا اعتبار کیا

منعم نہیں جو ہو کلبہ زر کی احتیاج
ہوں دل کا بادشہ، نہیں افسر کی احتیاج

غفلت سرائے دہر میں خانہ بدوش ہوں
کس زندگی کے واسطے ہو گھر کی احتیاج

جی بھر کے دوستوں سے گلے بھی نہ مل سکا
کیا جلد قافلے نے کیا ایک بار کوچ

نے زاد ہے نہ راحلہ ہے نے کوئی رفیق
کیوں کر کروں جہان سے پروردگار کوچ

ہر ایک داغ سے روشن ہے دل قمر کی طرح
ملا ہے عیب کو میرے شرف ہنر کی طرح

خدا نے عشق میں ثابت قدم رکھا ہم کو
اٹھے نہ منزلِ جاناں سے سنگِ در کی طرح

دیا جواب نہ خط کا نہ کچھ خبر آئی
الٰہی گم ہوا کیا نامہ بر خبر کی طرح

ہوں رند، سر کھلا بھی جو ہووے تو ڈر نہیں
زاہد نہیں کہ مجھ کو ہو دستار کی تلاش

اپنے ہی دل میں ڈھونڈنا لازم تھا یار کو
اتنے دنوں جو کی بھی تو بیکار کی تلاش

ہماری جان کے پیچھے پڑا ہے
دلِ ناداں کو سمجھائیں کہاں تک

جو رکھتے تھے دماغ اپنا فلک پر
زمیں پر اب نہیں اُن کا نشاں تک

جہاں کی سیر کی سیّاح ہم نے
نہ پہنچے پر سخن کے قدرداں تک

کس طرح خون ہو کے نہ آنکھوں میں آئے دل
دل میں جو غم سماتے تو بر میں سمائے دل

الزام کس کو دیجیے سیّاح عشق میں
کچھ آنکھ کا قصور ہے کچھ ہے خطائے دِل

ایسی بندھی ہوتی ہے ہوا اپنی ہر جگہ
نکلے ہیں بوئے گُل کی طرح گلستاں سے ہم

شاید انھیں بہ طرزِ فسانہ کوئی سنائے
کہتے ہیں اپنا حال ہر اک قصہ خواں سے ہم

دل میں سو حسرتیں ہیں، ارماں ہیں
موت آنے کے یہ بھی ساماں ہیں

شبِ فرقت بھی گزرے گی آساں
بے خودی کے یہ مجھ پہ احساں ہیں

ہوں غزل میں شعر سب بہتر یہ ممکن ہی نہیں
کب ہوئی ہیں انگلیاں پانچوں برابر ہاتھ میں

جان دیتے ہیں دل آزاروں کو
بے وفاؤں سے وفا کرتے ہیں

بعد میرے نہ مَلی اس نے حنا ہاتھوں میں
مدتوں خوں کا مرے رنگ رہا ہاتھوں میں

آ گیا ذکرِ خُدا میں جو بُتوں کا چرچا
سبحہ سو بار دَھرا اور لیا ہاتھوں میں

قیس جنگل میں اکیلا ہے مجھے جانے دو
خوب گزرے گی جو مل بیٹھیں گے دیوانے دو

رفعِ غم چاہے تو کر اپنے خدا پر تکیہ
بیٹھ رہ پھر کسی جنگل میں بنا کر تکیہ

کام مجھ کو نہ گنہ سے نہ عبادت سے غرض
بس شفاعت پہ ہے اے شافعِ محشر تکیہ

زیرِ سر ہاتھ کو رکھ لو یہ ہے بہتر سیّاح
دشت گردی میں نہیں ہے جو میسّر تکیہ

ناداں غلط سمجھتے ہیں توقیر، زر کے ساتھ
عزّت بشر کو ملتی ہے علم و ہنر کے ساتھ

کہہ دو سنبھل کے میکدے میں آئے محتسب
ٹوٹیں گے خُم ضرور مگر اس کے سر کے ساتھ

جنّت میں عاشقوں کا بھلا کیا لگے گا دِل
نقشہ ملا نہ اس کا اگر تیرے گھر کے ساتھ

چراتے ہو نظر کیوں اجنبی تو کچھ نہیں ہیں ہم
ہماری آپ کی مدت سے اک صاحب سلامت ہے

بے وفا سا بے وفا دیکھا تجھے
جو سُنا اس سے سوا دیکھا تجھے

پڑھا خط اور پیغامِ زبانی سُن کے بول اُٹھے
نہ وہ تحریر بہتر ہے نہ یہ تقریر بہتر ہے

طریقِ عشق میں علم و ہنر سب رائیگاں دیکھا
یہ نقشِ زر زمانے میں پئے تسخیر بہتر ہے

سنجوگ کے لکھے کی نہ تھی یہ خبر مجھے
آیا نہ راس عشقِ برہمن پسر مجھے

ہے یاد صبحِ ہجر کا بجتا گجر مجھے
بھولا نہیں ہے وقتِ دعائے سحر مجھے

سیّاح تیز رو ہے مگر کاروانِ عمر
جس کا غبار بھی نہیں آتا نظر مجھے

مے کشی سے منع کرتا ہے جوانی میں ہمیں
توبہ کر زاہد ابھی بابِ اجابت باز ہے

نہ کیوں کر فکر غالب ہو مری بزمِ سخن میں اس میں
تلمذ شاعری میں ہے مجھے استاد کامل سے

اک ترک کی اُلفت میں پڑے جان کے لالے
اللہ نہ ڈالے کسی بے درد کے پالے

بُرائی یار کی کیا اس میں، خوبی ہے نصیبوں کی
کرے جو وعدہ ہم سے اور وہ وعدہ شکن بھولے

نذرانے پہلے خدمتِ درباں میں رکھ لیے
پیچھے کہیں قدم درِ جاناں میں رکھ لیے

اب کیا کریں کہ خرقہ و سجادہ و ردا
سب رہن مے فروش کی دکاں میں رکھ لیے

تیز رو جتنے تھے سب بیٹھ گئے تھک تھک کر
نہ ہوئی طے رہِ الفت کی زمیں تھوڑی سی

زندگی میں تو بہت عیش اٹھائے سیّاح
اب مناسب ہے کہ فکرِ رہِ عقبیٰ کیجے

غزل کے ابتدائی زمانے کا ایک اور مجموعہ

غزل نما (حصہ:3)

مرتبہ : ادا جعفری

بین الاقوامی ایڈیشن جلد منظر عام پر آرہا ہے